**A descoberta do Novo Mundo**

# FUNDAÇÃO EDITORA DA UNESP

*Presidente do Conselho Curador*
Mário Sérgio Vasconcelos

*Diretor-Presidente / Publisher*
Jézio Hernani Bomfim Gutierre

*Superintendente Administrativo e Financeiro*
William de Souza Agostinho

*Conselho Editorial Acadêmico*
Júlio Cesar Torres
Luís Antônio Francisco de Souza
Marcelo dos Santos Pereira
Maurício Funcia de Bonis
Patricia Porchat Pereira da Silva Knudsen
Ricardo D'Elia Matheus
Sílvia Maria Azevedo
Tatiana Noronha de Souza
Trajano Sardenberg

*Editores-Adjuntos*
Anderson Nobara
Leandro Rodrigues

**MARY DEL PRIORE**

# A descoberta do Novo Mundo

Ilustrações
**KELLY ADÃO**

© 2025 Editora Unesp

Direitos de publicação reservados à:
Fundação Editora da Unesp (FEU)
Praça da Sé, 108
01001-900 – São Paulo – SP
Tel.: (0xx11) 3242-7171
Fax: (0xx11) 3242-7172
www.editoraunesp.com.br
www.livrariaunesp.com.br
atendimento.editora@unesp.br

Dados Internacionais de Catalogação na Publicação (CIP)
de acordo com ISBD
Elaborado por Odilio Hilario Moreira Junior – CRB-8/9949

| | |
|---|---|
| P958d | Priore, Mary del |
| | A descoberta do Novo Mundo / Mary del Priore. – São Paulo: Editora Unesp, 2025. |
| | Inclui bibliografia. |
| | ISBN: 978-65-5711-229-8 |
| | 1. História do Brasil. 2. Paradidáticos. 3. Descobrimento. 4. História moderna. 5. Literatura juvenil. I. Título. |
| | CDD 981 |
| 2024-1349 | CDU 94(81) |

Editora afiliada:

Asociación de Editoriales Universitarias
de América Latina y el Caribe

Associação Brasileira de
Editoras Universitárias

# Sumário

**CAPÍTULO I**
**A caminho do fim do mundo** 7

**CAPÍTULO II**
**Histórias de alto-mar** 19

**CAPÍTULO III**
**Nos portões do Paraíso ou do Inferno?** 33

**CAPÍTULO IV**
**A descoberta do Novo Mundo** 49

**CAPÍTULO V**
**A caminho da Terra sem Mal...** 69

**CAPÍTULO VI**
**Entre os papagaios amarelos** 85

**CAPÍTULO VII**
**Uma história sem fim...** 99

**Bibliografia** 105

CAPÍTULO I

# A caminho do fim do mundo

Corria o ano de 1558. Ele mal podia abrir os olhos, mas os sons à volta indicavam que amanhecera. A luz forte do sol mergulhou a paisagem numa aura prateada. Gritos: de gente, mulheres, homens, livres e escravizados. E de aves que ele nunca viu: gaivotas e mergulhões. Carroças rangiam, transportando mercadorias. E depois havia aqueles cheiros que ele não dominava: o do mar e o do alcatrão. Levantou-se com dificuldade. Tudo doía.

Doía o corpo, e dentro dele também: tinha dor e medo. Aonde o levavam? A voz forte do padre mandou que se ajoelhasse e orasse. Ia numa longa viagem. Longa? Já não fora longa a que o trouxe

do vilarejo onde morava até aqui? Veio lá das montanhas, onde criava ovelhas, e deixou os pais, que encontrou inchados, cinzentos e de olhos esbugalhados. Era o "mal que Deus nos livre", diziam os vizinhos: a peste. Melhor fugir. A despedida foi no pequeno cemitério ao lado da igreja. Não deu tempo de chorar. Na cova pequena enterraram os dois, um corpo sobre o outro. Ele não tinha mais ninguém.

Um vizinho o levou até os padres. Foi examinado de alto a baixo. Tinha 13 anos. Nem alto, nem baixo. Os primeiros pelos na cara lhe trouxeram espinhas. Não tinha dentes quebrados. Roupa, quase nenhuma: tamancos de madeira, uma calça amarrada por uma corda e o casaco que tiraram do defunto. As mãos eram grossas de pegar na enxada e carregar peso. No queixo, uma cicatriz. Era do cinto do pai, numa das surras que levou. Nome: Paulo.

Mas sua cara era o de menos. Os padres queriam saber se ele ia à igreja e se sabia todas as orações. Sabia. A mãe só fazia rezar. Ele conhecia tudo de cor. Fez comunhão? Sim. Confessava-se uma vez por ano? Sim. Temia a Deus? Sim. Então que se preparasse. Ia para longe, como os cavaleiros das Cruzadas. Levar o Evangelho aos povos "selvagens". Lutar pela fé católica. Tornar-se, talvez, um santo. Ninguém lhe explicou onde era o "longe", quem eram os selvagens e se queria virar santo. Mas os cavaleiros cruzados ele conhecia, sim, senhor.

Nas noites de inverno, ouvia histórias sobre os heróis corajosos cobertos por capas que traziam grandes cruzes às costas. Suas armaduras prateadas brilhavam ao sol. Nos desertos, enfrentavam os inimigos mouros a caminho de Jerusalém. Lá havia muitos tesouros – contava a mãe. Lindos palácios e jardins, guardados por formigas gigantes que buscavam ouro no fundo da terra. Havia homens com um único olho no meio da testa e belas mulheres cobertas por véus que penteavam os cabelos na beira das fontes. Eram as mouras encantadas. Encantadas, pois tinham o dom de se transformar. À noite, meio mulheres e meio serpentes, guardavam as salas cheias de pedras preciosas. Pois os cruzados enfrentavam tudo e ainda se casavam com as princesas do Oriente, senhoras de terras fabulosas. Sim, ele queria ser um cruzado.

Lembrou-se de tudo ao ver as inúmeras embarcações ancoradas ao largo do porto. Mais de mil e quinhentas passavam por ali, ao ano. No cais, homens carregavam fardos, que eram transportados para dentro de caravelas. Traziam brincos nas orelhas e cabelos em tranças sebentas. Tatuagens e cicatrizes marcavam rostos e braços. Outros, andando com facilidade sobre os mastros, arranjavam velas e cordas. Cestos com galinhas, tonéis de água, caixas com farinha, tudo era engolido pela grande boca das embarcações. E tudo se movia ao som dos gritos. Sobretudo das vendeiras, mulheres brancas e negras que ofereciam comida barata: arroz doce, tripas cozidas, ameixas para os doentes e pastéis. Gritavam também os mendigos, pedindo esmolas. Uma legião de pobres tinha invadido Lisboa depois de um surto de fome, no campo. Paulo ia aprender que o grito seria a única linguagem que conheceria durante a viagem. Mastigou um pedaço de pão duro com sardinha, preparando-se para sumir também dentro da barriga da nau. Foi quando viu outros meninos. Meninos como ele. Reconheciam-se facilmente: eram miseráveis e sujos. O grupo reuniu-se à volta do padre.

Silêncio. Iam para a Terra de Santa Cruz, também chamada Brasil, explicou ele. Tinham uma missão importante: ser os "meninos-língua". As cabeças se voltaram umas para as outras. Uns com sorriso de satisfação, outros tímidos. Paulo era curioso: onde é Santa Cruz? O que era ser um menino-língua? Resposta: Que embarcassem com todas as bênçãos do Senhor. Se chegassem com vida ao outro lado da Terra, alguém lhes explicaria.

Unido, o pequeno grupo seguiu em fila até uma das embarcações. O nome estava pintado na proa, junto a uma figura de mulher: *Conceição*. A maré jogava o casco de um lado para o outro, sinalizando que navegar não era tão fácil quanto caminhar nas estradas. Um a um, os meninos subiram na ponte de madeira que ligava o cais ao barco. Alguns marinheiros pararam o que estavam fazendo para recebê-los com palavras não muito amistosas. Olha quem vem trabalhar para a gente! Paulo tirou os tamancos. Viu que a maioria dos homens trazia os pés descalços. A rampa oscilava. Mais gritos: eh... eh! Não deu tempo para virar-se, mas ele ouviu o som do corpo na água. Debruçou-se desesperado, enquanto via uma cabeça emergir e afundar ao sabor das ondas.

Todos sabiam: se o casco de 150 toneladas encostasse no cais, o corpo ia ser esmagado. Quem caísse viraria comida de peixe. Paulo viu o padre benzer-se e dar as costas para a embarcação. O capitão, que surgiu na coberta, saindo do pequeno castelo de popa, exclamou:

– Menos um!

De fato, o pesado casco arranhou as pedras e oscilou como se estivesse contente com aquela primeira vítima. Alguns meninos tremiam. Ninguém ousava chorar, apesar das bocas retorcidas e dos olhos marejados. Paulo correu para a proa. Queria vomitar. Ao encostar no parapeito, viu algo agitar-se na água.

– Ali, ali!

A voz de um marinheiro ecoou:

– Homem ao mar!

De um dos mastros, alguém atirou uma corda. Um corpo magro foi içado para o passadiço. O menino vinha com um grande sorriso. Tinha os cabelos escuros e compridos colados ao rosto e dois olhos vivos como carvões. Ao subir na nau e diante da algazarra dos marinheiros, disse com voz firme:

– Sei nadar... Meu nome é Pedro.

Pedro e Paulo tinham o nome de dois santos da Igreja católica. Pareciam perfeitos cavaleiros das Cruzadas. Daí para a frente iam se ligar de amizade. Dividir os sonhos de conquistas nas terras desconhecidas para onde partiam. Brasil, terra dos brasis. Alguém contou a Pedro que lá moravam as amazonas, mulheres que atiravam arco e flecha melhor que qualquer guerreiro. Tinham um só seio. Eram ferozes e odiavam os homens. Só os encontravam uma vez ao ano para engravidar. Havia também a fonte da juventude. Quem bebesse de sua água, jamais ficaria velho. E os temidos canibais. O que eram eles? Homens com cabeça de cachorro e apetite de lobo. Devoravam seus semelhantes. Cortavam-lhes aos pedaços e, num grande banquete, comiam até as tripas. Mas havia ouro, também. Uma cidade inteirinha feita dele, enterrada no fundo de um lago. As histórias se multiplicavam, e foi trocando informações que os meninos viram a cidade de Lisboa ficar cada vez mais longe. As casinhas brancas nas colinas, a torre de Belém, o mosteiro dos Jerônimos e o forte de São Jorge, que servia para proteger os moradores de invasores.

As velas retangulares, novidade na época, baixaram com estrondo. A brisa leve começou a soprar. A âncora subiu, rangendo, em meio ao barulho de ferros. Ordens eram disparadas aos berros:

– Largar!

Os meninos desceram para o interior da caravela para juntar-se ao grupo. Havia dois pavimentos inferiores e, sob o chamado castelo da coberta, as câmaras dos oficiais. Um cheiro de especiarias invadiu os narizes. Na última viagem, a embarcação transportara pimenta, gengibre e noz-moscada das Índias. O bom cheiro misturava-se, porém, ao mau: mofo e urina. O espaço era escuro e cheio de barulhos desconhecidos: madeira rangendo, cordas correndo e... ratos. Tudo muito inquietante. Redes oscilavam ao balanço do mar, e baldes de água suja garantiam a ração diária que os cerca de cem tripulantes – essa era a média – receberiam. Ao fundo, debaixo da coberta, pequenos canhões miravam pelas escotas. Acondicionada em barris, pólvora. Mosquetes, arcabuzes e ferragens para a artilharia, além de mechas para as armas de fogo, alinhavam-se encostadas ao casco. Era sinal de piratas no caminho.

Mal começaram a conversar com os outros dois meninos, Tiago e Bento, novos gritos:

– Ao trabalho, vagabundos, órfãos de merda, meninos dos Santos!

"Santos", pois era assim que chamavam os padres jesuítas. Subiram correndo ao passadiço, onde cada qual recebeu uma incumbência. Pedro e Paulo, mais robustos, ficaram encarregados de caçar velas. Bento e Tiago de lavar o passadiço. Rapidamente, os meninos aprenderam a subir nos mastros e a andar sobre a teia de cordas como aranhas. Livres dos tamancos, corriam por toda a parte para atender ao comando de marinheiros que assobiavam para chamá-los. Se demorassem, choviam tapas e palavrões. O tempo era marcado pelo som de um sino: ele batia de meia em meia hora.

Ao final do dia, o capitão os reuniu. Era um homem forte como um touro, baixo e peludo. Tinha grandes sobrancelhas que subiam e desciam enquanto falava e o rosto queimado do sol, vincado de rugas. Na mão direita, uma luneta de cobre. Pendurado na boca, um cachimbo de haste longa explicava a cor dos dentes: escuros. A voz, porém, era majestosa. Chamava-se Estevão Alvo. Avisou: iam ser tratados como animais. Suas vidas nada valiam. A maioria das crianças não passava dos 14 anos. E eles não eram as únicas a bordo. Havia grumetes trabalhando no fundo do casco. Os quatro órfãos se entreolharam. Os outros meninos não tinham sido vistos.

O capitão continuou: iam dormir todos juntos no convés próximo ao cabo da verga. Lá ficariam trancados, sob chuva ou sol. Não tinham direito a camas ou baús para guardar seus pertences. A comida era pouca: biscoito e um pote de água, uma vez por dia. Uma libra e meia de carne seca, peixes secos, cebolas e manteiga, uma vez por mês. Nada de desperdício. Higiene? Os navios não dispunham de banheiros. Nas longas travessias, não havia lugar para elegância nem olfatos delicados. Teriam que usar pequenos assentos dispostos sobre as amuradas. Como os marinheiros, eles usariam a mesma roupa meses a fio e esta só seria lavada pela água da chuva. Aos poucos, os trapos se transformariam numa segunda pele, de cor indefinida e cheiro ruim. A pele, propriamente dita, ia acumular crostas de sujeira. Piolhos, pulgas e sarna fariam parte do cotidiano. As mãos ficariam como bolos de carne sangrenta e as unhas, quebradas e descoloridas.

Correndo de um lado para o outro, os meninos trabalharam o dia todo. Caiu a tarde e os homens se reuniram no convés. Alguns desenrolavam pequenos rolos de tabaco e se puseram a pitar seus longos cachimbos. Outros ainda cantavam as saudades da casa que deixaram. Uma gaiola com um papagaio apareceu. A ave pertencia ao contramestre. Com as cabeças quase se tocando, os marinheiros começaram a contar histórias: as dos enforcamentos de piratas eram as preferidas. Os corpos ficavam balançando até apodrecer. Alguém lembrou a da senhora portuguesa que preferiu se suicidar a ser prisioneira dos corsários ingleses: "antes morrer do que despir-me", gritou jogando-se às ondas.

Outro se lembrou dos corsários chineses que pregavam suas vítimas no convés, sem água ou comida, até que contassem sobre as riquezas que levavam. Outro de amputações de braços e pernas, feitas a frio, com a faca do cozinheiro de bordo. E os escravos náufragos, da ilha de São Tomé, no caminho do Oriente? Não é que ao afundar o navio negreiro que os levava ao Brasil, fugiram e esconderam-se nas montanhas, atacando a população para roubar e pilhar? Valentes e ferozes, eles eram chamados *angolares*. Davam medo a quem acostava ali.

Mas o que mais impressionou os meninos foi a descrição do fim do mundo. O mar acabava num abismo. Lá esperavam dragões e serpentes marinhas. Todos com a boca escancarada para devorar as embarcações. Monstros nunca vistos, com a pele lisa e escorregadia, língua bifurcada e asas de morcego, perseguiam os sobreviventes, sugando-lhes as carnes. Ninguém sobrevivia.

Paulo e Pedro entenderam que tinham que aprender a manusear o astrolábio e a bússola, trazida da China pelos árabes. A ler os mapas, as correntes marinhas e as estrelas do céu para não chegar até lá. E foi imaginando o fim do mundo que os amigos viram surgir de um dos porões criaturas que pareciam ter escapado dele.

CAPÍTULO II

# Histórias de alto-mar

Eram meninos esquálidos, maltrapilhos e de grandes olhos acesos. Uns quinze, os grumetes. Tinham o andar leve dos gatos. Aproximaram-se dos "meninos dos Santos". Confraternizaram. Pareciam sofridos. Um tinha perdido dois dedos das mãos por causa das cordas. Outro, o olho esquerdo por conta de um golpe de sabre. A maioria trazia as gengivas pretas e um hálito fétido. Sofriam de escorbuto, doença que, por falta de vitaminas encontradas nas frutas, fazia inchar as gengivas e sangrar os dentes.

Os grumetes queriam saber aonde iam os meninos e esses, de onde eles vinham. A maior parte dos grumetes vinha de famílias pobres que

moravam nos arredores de Lisboa. Um ou outro era órfão ou fora arrancado de uma família de pedintes. Tinham de nove a dezesseis anos. Para os pais, essa era uma maneira de aumentar a renda da família. Eles recebiam o soldo ou pagamento que os pequenos ganhavam, e se esses viessem a morrer em alto-mar, livravam-se de uma boca para alimentar. Não se assustaram em saber que quase metade da população de um navio não voltava. A maioria cresceu com pancadas e fome.

Embora não passassem de adolescentes, realizavam a bordo todas as tarefas de um homem feito. Porém, recebiam de soldo menos da metade do que um marujo na mais baixa posição. Ainda que tivessem de prestar contas somente ao chamado guardião – cargo abaixo do contramestre –, eram explorados por marinheiros e até mesmo por pajens da nobreza. Apesar da mesma idade, os pajens tinham um cotidiano menos duro e chances de alcançar um posto na Marinha, servindo a algum oficial da embarcação.

Além do capitão, representante do rei de Portugal no navio, os demais tripulantes eram: o piloto, que determinava tudo o que tinha a ver com navegação; o mestre, que comandava todos os marinheiros, grumetes e pessoal de serviço; o mestre bombardeiro, encarregado dos canhões e da munição; o capelão, obrigado a rezar missa todos os domingos; o escrivão, que guardava todas as informações do que acontecia – quem fizesse coisa errada, ia para a prisão: uma célula pequena, onde malfeitores tinham ferros amarrados aos pés ou enfiados em furos nas tábuas.

A confiança se instalou. Pouco a pouco, os grumetes foram tirando do bolso seus pequenos tesouros: pedaços de coral para proteger dos riscos de naufrágio; botões caídos de um elegante uniforme; uma lâmina de barbear; um naco de fumo; dedal e linha. Paulo trazia ameixas e Pedro, anzóis de vários tamanhos. Apesar da música das ondas para embalar o sono dos meninos, as primeiras noites foram agitadas. Ambos queriam saber tudo sobre o barco.

A comida era só biscoito e carne salgada? Não. Havia ervilhas, favas, toicinho, carne de cabra, galinhas vivas, sidras e outras bebidas, sem contar a provisão de água para um ano – mas só para oficiais e doentes. O que faziam todo o dia no fundo da nau? Arrumavam peças para substituição, caso alguma delas quebrasse – cabos, cordames, âncoras, lonas de algodão, timão e barra do leme. A nau levava também mercadorias para trocar por pau-brasil: tecidos diversos, machados e foices, pentes e espelhinhos, facas e canivetes, alfinetes e agulhas. Quanta gente havia? Mais de cem, contando os degredados. Degredados? Quem eram?

As vozes abaixaram para falar dessa gente que não se queria no Reino. Eram "indesejados".

Cobertos por uma túnica azul de algodão grosseiro, as cabeças raspadas, esqueléticos, eles tinham marchado da prisão do Limoeiro até o porto, acorrentados pelos pés e com um cinto de ferro em torno da cintura. Era gente simples que tinha apelidos: o *Cobra*, a *Cavala*, a *Má Carne*. Foram condenados por dois tribunais diferentes: o da Inquisição e o da Justiça comum. O *Cobra*, marceneiro de profissão, foi preso por fabricar moedas falsas e usar cartas marcadas no jogo de baralho. A *Cavala*, filha de um curtidor de peles, dizia ter visões com o Menino Jesus. A *Má Carne* foi encontrada com outro homem que não era o marido. Trazia a guirlanda de cornos com que teve que atravessar as ruas de Lisboa, depois do julgamento. Havia cristãos-novos, ou seja, judeus convertidos ao catolicismo para escapar da Inquisição. Eles praticavam os ritos de sua fé, às escondidas. Uma vez descobertos, eram julgados e degredados. Vinha também um agricultor que fora preso por blasfemar. Cada vez que chovia, ele gritava: "Agora, o caralho de Jesus Cristo mija sobre mim!".

A mais temida era a *Branca*, certa Maria Simões que fizera pacto com o Diabo. Todos a temiam. A mulher usava amuletos poderosos feitos com hóstia esmagada, unhas, fios de cabelo, sem contar o mais poderoso veneno então: sangue menstrual. A Branca ficava isolada. De dia, costurava pequenos corações de pano que transpassava de alfinetes, repetindo palavras mágicas. À noite, olhava pela escotilha o céu, como se quisesse adivinhar aonde ia. De uma cabine na popa, hermeticamente fechada, escapava uma voz de menina. Ora rezava, ora cantava. Levar mulher só, no navio, dava azar. Quem seria? Assim fechada, só podia ser moça solteira e virgem. Ficava isolada para evitar o desejo dos homens.

A nau avançava sem problemas. Paulo e Pedro já tinham se integrado ao trabalho dos grumetes. Lavavam o deque, ajudavam na cozinha, subiam nos mastros para remendar velas. Aos sábados e domingos, assistiam à missa. A fé era intensa. Todos temiam morrer no mar sem a ajuda de Deus.

Em dezoito dias alcançaram as ilhas Canárias, depois costearam a Barbária – nome antigo dos países do Norte da África –, com seu litoral de praias rasas. De lá, passaram pelas ilhas de Cabo Verde, cheias de montanhas e rochedos, onde portugueses criavam cabritos. Ali jogaram âncora. Trocaram com os habitantes mouros arroz e galinhas por bugigangas. Renovaram os tonéis com água fresca e aproveitaram para limpar as conchas que já se colavam ao casco.

Depois imbicaram a oeste. O vento estava favorável, mas às vezes, sem explicação, levantavam-se ondas altas como montanhas, que metiam medo aos viajantes. Também eram incomodados por chuvas malcheirosas que manchavam as roupas.

Ao cair sobre a pele, provocavam bolhas: era o "mal de São Cosme". Com a ajuda dos grumetes, Pedro e Paulo iam aprendendo a conhecer e a pescar peixes-galos e golfinhos, com os quais faziam caldeiradas. Alegravam-se em ver os bandos de peixes-voadores, com suas asas de morcego. Iam chegando à linha do Equador. À noite, deitados no convés, viam que o céu mudara. Agora brilhavam quatro estrelas grandes em formato de cruz. Os marinheiros as chamavam de "carro". Depois, seriam conhecidas como Cruzeiro do Sul.

Os longos dias de viagem, com gente confinada no pequeno espaço do navio, comendo pouco e com medo das tempestades, começaram a cobrar seu preço. Os conflitos tiveram início. Brigas entre marinheiros e viajantes estouraram. Palavrões e bofetadas se multiplicaram. A qualquer erro ou arraso, os grumetes apanhavam. Os "meninos dos Santos" também. As péssimas condições de saúde fabricavam doentes. Entre os degredados, muitos caíram de febre. Um deles foi trazido para o convés. Ao amanhecer morto, seu corpo foi jogado ao mar, sepultura de quem morria na viagem.

Vez por outra, bem ao longe, viam passar os navios com a bandeira negra, a caveira e as duas tíbias estampadas. Eram piratas ingleses. Mas eles só perseguiam as embarcações espanholas que vinham do Novo Mundo, carregadas de ouro. A descoberta dos impérios asteca e inca, com suas monumentais cidades e templos, adornos em ouro e jade, permitiam aos galeões espanhóis partir carregados de bens preciosos em direção ao Velho Mundo. As minas de Potosí, no Alto Peru, descobertas em 1545, alimentavam o sonho da existência de uma serra de Prata, no interior do continente. O pau-brasil, macacos, papagaios e açúcar que os portugueses transportavam não lhes interessavam.

Um grumete explicou aos amigos Pedro e Paulo que as naus piratas eram barcos diferentes. Lá, explicou, era "o mundo de ponta-cabeça". Não havia diferenças entre a tripulação, e todos comiam a mesma comida. Nada de alimentos extras nem de acomodações especiais para oficiais e pajens. Tendo aturado maus-tratos, como eles grumetes sofriam, os piratas evitavam esse mal. Todos se respeitavam e as vontades eram consideradas iguais. Os capitães eram eleitos por sua coragem e bravura. Se covardes ou cruéis, eram depostos e tinham que caminhar sobre a ponte, para a boca dos tubarões que aguardavam na rabeira da embarcação. Os saques e roubos eram repartidos cuidadosamente. Ninguém ficava sem a sua parte.

As semanas passavam. Certa tarde, uma tempestade terrível começou a soprar do nordeste. Ventos rugiam e o céu escureceu. A fúria chegava cada vez mais perto. Um inferno de escuridão desceu sobre o barco. Os mastros balançavam como se fossem quebrar. As velas batiam com estrondo. As adriças esticavam com violência capaz de jogar um homem ao mar. A nau mergulhava de cabeça e depois subia a pique entre duas ondas.

O terror tomou conta de todos e até os passageiros mais calejados tremiam de medo. O vento e os trovões abafavam as vozes e o madeiramento começou a ranger. O corre-corre começou. Alguns homens se juntaram para manter o controle da *Conceição*. Outros cortaram o cordame e as velas para diminuir a resistência aos ventos. Bagagens foram atiradas ao mar, para evitar que a embarcação virasse. Marinheiros se arrastavam, de vela na mão, pelas vigas do navio, tentando detectar qualquer barulho de vazamento. Onde a água entrava em jorros, tapavam os buracos com estopa ou pedaços de carne. Foram horas abomináveis. Paulo e Pedro tiritavam de frio, batendo os dentes. Se tentassem dormir entre os panos molhados, no buraco cheio d'água onde se abrigavam com os companheiros, era para reviver as piores situações em sonhos. No meio da noite, um uivo terrível rasgou os ares, seguido de duas pancadas fortes e secas. Depois silêncio e assobio dos ventos.

Os meninos correram ao convés. Um dos grumetes, que estava no cesto da gávea, foi de lá arrancado pelo balanço das ondas. O menino bateu com o corpo no mastro. Sua cabeça ficou em pedaços e os miolos fora dela. As vergas pingavam sangue e o rosto tinha um sorriso estranho. O padre acudiu, mas era tarde. Diante do espetáculo da noite em fúria e do mar enlouquecido, ele decidiu: o Demônio estava no barco. Embarcara em forma de gente. E estava entre os degredados: a feiticeira! A tempestade era culpa dela. Bem que ele viu sinais da presença diabólica, alguns dias antes. Um peixe mal-encarado que acompanhou a nau. Ninguém sabia o que era: nem baleia, nem tubarão. Mas, antes da tempestade, ele parecia alegre. Lançava jatos de água e saltava fora d'água. Vinha direto do Inferno. Anunciava o fim de todos. O barco ia cheio de pecados, dizia o padre.

De fato, durante a tempestade, a Branca não cessou de invocar Barrabás, Caifás e Satanás. Convidava seus colegas de desterro a passar no corpo um unguento que, segundo ela, os levaria pelos ares de volta a Lisboa. Um cheiro de ervas do defumadouro preparado pela bruxa invadiu o grande camarote onde se encontravam os degredados. Parecia ter organizado uma missa negra para sacrificar os passageiros ao Príncipe das Trevas.

E tinha razão o bom padre. Dias antes, um dos grumetes apareceu com as calças sujas e ensanguentadas. Fora violado por um marinheiro. Não ousou se queixar. Chorou baixinho toda a noite. Não era a dor de um ferimento, de uma queimadura ou de uma pancada. Era uma dor diferente, com a qual ele teria de conviver por muito tempo.

A semana que se seguiu à tempestade foi terrível. Primeiro, chuvas torrenciais desabaram sobre a *Conceição*. Depois, a calmaria não deixava a nau avançar. Com o rosário nas mãos, o padre pedia a todos que rezassem e confessassem seus pecados. O capitão ao leme gritava "Vai *fideputa Conceição*!". Os marinheiros xingavam. Os passageiros respondiam com orações em altos brados. A insegurança era cada vez maior. Todos olhavam o céu em busca de sinais de bom tempo, mas só viam escuridão. E de quem era a culpa? Da bruxa Branca.

Trouxeram a mulher para o convés. Estava endemoninhada. O padre achou que devia exorcizá-la. Dito e feito. A bruxa entortava a boca cada vez que o padre se aproximava, assustando as pessoas, que choravam de medo. Depois, espumava pela boca cada vez que era obrigada a beijar a cruz. O cristianismo trazia o Diabo em pessoa para a América, nos porões de seus navios. Quando foi ameaçada de ser jogada ao mar, Branca começou a se acalmar. Por coincidência, uma série de trovoadas afastou as nuvens. O exorcismo, pensavam todos, dera certo. Paulo e Pedro achavam que a causa dos problemas não era a bruxa, mas a menina do quarto fechado no castelo da popa. A curiosidade aumentava. Quem seria? Não estaria trazendo má sorte ao barco?

Não era só a curiosidade que aumentava. A fome também. Uma parte da ração tinha sido jogada ao mar durante a chuvarada. Sem mantimentos, os marinheiros começaram a cozinhar os couros dos baús e as solas de sapatos, para fazer sopa. O papagaio do contramestre foi para o fundo da panela. À noite, alguns grumetes caçavam ratos que corriam pelo convés – eles também – atrás de comida. Apesar do mar revolto, os amigos prefeririam jogar os seus anzóis na esperança de pegar alguma coisa. O capitão ergueu a bandeira amarela: era o aviso de que havia febre a bordo. Os cadáveres aumentavam. Iriam voltar a Portugal ou seguir viagem? – perguntavam-se os meninos. Como se não bastasse a falta de comida, a água estava cada vez mais escassa e contaminada. Nos barris boiavam vermes. Doente e com febre, um passageiro lançou-se ao mar em completo estado de alucinação. Morreu de sede em pleno oceano.

Foram salvos por uma nau que passava. Sinais e gritos permitiram à *Conceição* receber alimentos e água fresca. Notícias foram trocadas. Tinham passado o Equador. Viva! Isso significava que, daqui para frente, teriam bons ventos. A alegria voltou. Foram anunciadas uma missa em ação de graças e uma festa. Era tradição entre as embarcações que faziam a carreira das Índias agradecerem a Netuno, deus dos oceanos, a passagem para o hemisfério sul. Apesar da perda de muitas bagagens durante a borrasca, surgiram instrumentos de música, como pandeiros e flautas. O capitão abriu um baú, de onde tirou guloseimas: chouriços, doces de pera e vinho. Os passageiros que tinham sobrevivido eram obrigados a colaborar com alguma coisa para animar a brincadeira. Uns se puseram a pescar; outros remexeram os bolsos, de onde tiraram medalhas e pequenas moedas, que foram oferecidas como prendas. Os grumetes atraíam, com iscas, pássaros marinhos, que eram mortos e postos a cozinhar. A data da festa foi fixada e todos tinham certeza de que o "encanto" tinha sido quebrado.

A comemoração foi anunciada pelo capitão, que, fantasiado, apresentou-se como "embaixador de Netuno, Rei dos Mares, da Ilha das Cobras e dos Tubarões, Baleias e de todo tipo de peixe que habita o mar". Arrumou-se um toldo, embaixo do qual uma cadeira enfeitada fazia as vezes de trono. Um desfile de viajantes fantasiados recebeu um grumete vestido de Netuno. A seguir, Netuno, "com um tridente na mão", fazia várias perguntas ao capitão, sempre em tom de brincadeira: "Quem lhe tinha dado licença para cruzar o mar? Por que alimentava tão mal seus tripulantes? Por que batia nos grumetes?" etc.

Todos riam, enquanto alguns tocavam pandeiros e dançavam a "galhofa", um ritmo conhecido dos portugueses. Os avarentos que não tinham contribuído para a festa eram encharcados com água do mar. Sortearam-se as prendas. Os meninos ganharam as suas. Mas o melhor presente para os dois curiosos foi ver a misteriosa menina que saiu do quarto. Ela subiu ao convés pela primeira vez: era uma "órfã da Rainha".

Mas que diferença havia entre os órfãos Pedro e Paulo e a donzela Isabel – era esse o seu nome? Ela era só um pouco mais velha, loura e alva. Seu rosto, oval e delicado. O corpo de adolescente estava envolto num manto longo e espesso de viagem. Na verdade, pertencia ao grupo dos "envergonhados", gente decaída na pobreza e na desgraça que recebia a proteção da Irmandade de Nossa Senhora da Misericórdia da Sé de Lisboa. Fora escolhida para casar-se com alguém na Terra de Santa Cruz: um dos homens do Rei. Não havia muitas mulheres por lá. Ou melhor, não havia muitas portuguesas, e a Igreja católica tentava evitar que seus filhos se misturassem aos selvagens.

Selvagens? Como eles eram? O que Isabel sabia sobre a Terra de Santa Cruz? Os amigos queriam saber. Incertezas, esperanças e inquietações. Os meninos se achegaram para ouvi-la. Com a graça dos seus quinze anos, dedos longos e rosto fino, contou-lhes as informações que tinha sobre o Paraíso na terra. Ou Inferno...

CAPÍTULO III

# Nos portões do Paraíso ou do Inferno?

Se o destino dos passageiros do navio era a Terra de Santa Cruz, bom saber que tal nome não fora escolhido por acaso, explicou Isabel. E, sim, que representava a luta de Portugal contra os infiéis, os bárbaros e os selvagens. Era a guerra do Bem contra o Mal. Uma nova Cruzada. Mas também representava o martírio de Cristo. A cruz era o símbolo pelo qual os homens se livravam do Diabo. Até os degredados que vinham no porão seguiam para lá para se purificar. Cumprir pena em lugar tão difícil servia para limpar os pecados que tinham cometido. Por meio de trabalho e sofrimentos, os homens se livravam da tirania do Demônio. Santa Cruz era um Purgatório.

### Nos portões do Paraíso ou do Inferno?

Para quem chegava, porém, tudo parecia maravilhoso. Os ares eram limpos. O clima não era frio, nem quente. Milhares de flores e frutos desconhecidos dos europeus enfeitavam as campinas e matas. Os animais surpreendiam por seu exotismo: o tatu, a capivara, o jacaré. Tudo era "muito grande" e parecia cheio de tesouros. Ganância e ambição justificavam os riscos de naufrágio e as travessias perigosas. Da boca de certo Felipe de Guillén, cristão-novo, degredado em 1538, corriam informações sobre minas de ouro no interior de uma montanha inteira: "o sol da terra". Ou sobre o Eldorado, a cidade também de ouro, adormecida no fundo de um lago.

Respondendo a Pedro e Paulo, Isabel disse-lhes que a nau *Conceição* ia para a Bahia. Lá ficava São Salvador, a capital de Santa Cruz. Ficava bem no centro, entre as capitanias do Norte e do Sul, e possuía excelentes ancoradouros naturais. Quando Francisco Pereira Coutinho, apelidado o "Rusticão", chegou em 1536 à capitania que lhe foi oferecida pelo rei D. João III, ela era um dos mais belos lugares do litoral sul-americano. Vivia ali um náufrago português: Diogo Álvares, o Caramuru. Por viver com Paraguaçu, uma indígena, tornou-se genro de um chefe tribal. À sua volta, reuniu centenas de tupinambás. O lugar era bem conhecido de muitos europeus, sobretudo de navegantes franceses que faziam comércio de madeira, o pau-brasil, com Caramuru.

A instalação de Rusticão, com a construção de uma torre medieval e de um povoado pequeno, logo trouxe conflitos. A começar com a tentativa de escravizar índios para trabalhar nos recém-plantados canaviais. Em 1540, teve início uma guerra e, ao longo de cinco anos, a chamada Vila do Pereira foi sitiada. Milhares de tupinambás, armados de flechas incendiárias e tacapes, arrasaram os cerca de cem colonos ali estabelecidos. Rusticão foi morto a bordoadas, num ritual antropofágico – que mais adiante Isabel explicaria.

Quando a notícia da terrível morte do donatário – como era chamado aquele que recebia o lote de terra do rei – chegou a Portugal, decidiu-se por implantar um Governo-Geral do Brasil. A ideia era submeter os donatários e colonos ao poder central da Coroa. A reação política foi acompanhada de outra, religiosa. Junto com o representante do governo seriam enviados os padres da Companhia de Jesus, para catequizar os indígenas e convertê-los ao cristianismo. A Companhia era uma congregação, criada em 1534 pelo jesuíta Inácio de Loyola, cujo objetivo era levar o catolicismo a todas as partes do mundo. Seria a vitória do Rei, da Fé e da Lei em terras selvagens. Seus representantes se consideravam "soldados de Cristo". Ser a "língua dos soldados de Cristo" não pareceu má ideia para Pedro e Paulo.

E prosseguiu Isabel: quando Tomé de Souza, o primeiro governador-geral enviado pelo rei de

Portugal, chegou à localidade da Bahia de Todos os Santos, em 1549, trouxe consigo um grupo de quatrocentos degredados. Eram assassinos, arruaceiros, ladrões. Entre as mulheres havia judias, prostitutas, órfãs e ciganas. A boa notícia – insistia Isabel – é que o Purgatório podia se transformar em Paraíso. Todos enriqueceram. Em Lisboa, costumava-se dizer: se até os criminosos prosperavam na Terra de Santa Cruz, o que não se dirá de homens honestos? Além do mais, o clima era ótimo: nem muito frio nem muito quente. A terra era fértil: tudo o que se plantava, dava. E crescia mais rápido do que em outros lugares. O melhor é que lá não havia tristeza, nem melancolia.

A pedido do rei de Portugal, Caramuru preparou o terreno para a chegada de Tomé de Souza. Não só providenciou uma reserva de alimentos com farinha de mandioca, carne de anta, capivara e veado e todas as espécies de frutas como obteve de seus aliados nativos a promessa de que deixariam os portugueses em paz.

Ao chegar, e depois de rezada a missa pelo jesuíta Manuel da Nóbrega, o governador-geral procurou um lugar para estabelecer a primeira capital do Brasil. Queria ficar longe das palhoças e da antiga Vila do Pereira onde morava Caramuru. Escolheu o lugar mais alto da costa: uma falésia que despencava em direção ao mar, com cerca de oitenta metros, cercada por pântanos e abastecida de água pelo rio das Tripas. Ao fundo, erguiam-se os montes Parajuí, o "trono do sol poente" dos indígenas. E na frente, a ilha de Itaparica. Assim, os portugueses ficavam isolados e dominavam todo o panorama do alto.

O governador queria erguer não só uma cidade, mas também uma fortaleza. Dela teria a visão do porto, normalmente ocupado por cerca de oitocentos navios e mais ou menos duzentas canoas. Tantos? Sim, pois as embarcações pequenas faziam a ligação entre as capitanias, enquanto as maiores patrulhavam a costa.

Como era a cidade? Cercada por uma muralha construída pelos índios, ela tinha duas entradas: a porta de Santa Catarina e a de Santa Luzia. O trabalho dos nativos foi pago com machadinhas, anzóis e enxadas. Na primeira chuva, porém, desabou.

São Salvador era cortada por oito ruas, algumas com nomes curiosos: rua do Brejo, rua do Tira-Chapéu, rua Direita do Palácio. Quatro torres atentavam para possíveis ataques de inimigos: duas de frente para o mar e duas voltadas para o interior. No centro, ergueu-se o Palácio do Governo, a Câmara dos Vereadores e a cadeia. No prédio assobradado da cadeia colocou-se um sino que, quando tocado, chamava os moradores para ouvir anúncios importantes do governo. Perto, uma igreja provisória, a Sé, com telhado de palha da palmeira ouricuri. Uma pequena praça arrematava o que passou a ser chamado de Cidade Alta. Ali, por vezes, organizavam-se touradas para passar o tempo.

No pequeno porto abaixo da falésia espreguiçava-se a Ribeira ou a Praia, mais tarde chamada de Cidade Baixa: lá havia armazéns, a alfândega e as duas torres de vigia. Um pouco mais ao norte, ergueu-se a Casa dos Contos, onde se recolhiam impostos, e a Casa da Pólvora, para armazenar armamentos. O cheiro de sangue e morte que se sentia vinha da Casa dos Açougues, abatedouro construído por certo Belchior Gonçalves. Aqui e ali, multiplicaram-se casas e sobrados baixos com seus puxadinhos.

Uma feira reunia os habitantes. Eram oferecidas mercadorias diversas trazidas pelos índios e por colonos: potes, cachimbos, moringas e panelas de barro, frutas variadas, rolos de cipó, raízes medicinais, animais de caça, como cotias e tatus, e os de estimação, papagaios, araras, saguis, que os portugueses adoravam. A farinha de mandioca para fazer beijus e mingaus, assim como o milho e o "figo de Adão", também chamado de pacová ou banana brasileira, eram produtos muito negociados. Ao lado das fontes, cresciam hortas. No bairro da Praia localizavam-se vários artífices: funileiros, ferreiros, sapateiros, alfaiates, barbeiros. Para os lados de Vitória, Graça e Vila Velha do Pereira começavam a surgir pequenas chácaras.

A cidade era imunda.

Mais do que a nau *Conceição*?, perguntaram os meninos. Muito mais, disse Isabel. As ruas eram estreitas, escuras e irregulares. No meio, corria o esgoto a céu aberto. O lixo amontoava-se nas ribanceiras e o conteúdo dos urinóis era despejado pelas janelas. Animais pastavam o capim que crescia na frente das casas, e dentro dessas os insetos mais nojentos corriam de um lado ao outro. As águas eram contaminadas, pois, nas fontes, os porcos se aliviavam. Não à toa, prevenia a menina, todos deviam cuidar da saúde. Na Bahia morria-se de malária, tétano, paralisia e envenenamentos. Muito cuidado!

Mas por que ia Isabel casar-se em lugar tão ruim? Afinal, era donzela educada pelas freiras do Mosteiro das Órfãs de Lisboa. Falava latim e sabia ler e escrever, o que era raro. E ainda filha de um servidor do Estado. Era pobre, sim. Mas isso não era vergonha. De fato, respondeu a menina. Não tinha dote, ia casar-se com alguém importante, mas vinha, sobretudo, para dar o exemplo. Outras órfãs já tinham sido enviadas. Algumas prostitutas também. O importante era provar que a Terra de Santa Cruz pertencia a Deus. Muitos acreditavam que as mulheres ali tinham pacto com o Demônio. Por andarem nuas, as índias pareciam bruxas. Sobretudo, as velhas de peitos caídos. Pior: cozinhavam os corpos de seus inimigos em grandes caldeirões e suas casas de palha, cheias de fumaça, lembravam um pedacinho do Inferno.

E, envergonhada, falando mais baixo, relatou que a Bahia era conhecida como terra "de todos os pecados". Muitos homens viviam amasiados com índias. Isso era contra a vontade da Igreja. Cada europeu possuía de três a quatro escravizadas nativas e deitava-se com todas elas. Viviam em pecado mortal, cheios de filhos e fora do sagrado matrimônio. O padre José de Anchieta já tinha escrito para Portugal queixando-se que as nativas não se negavam a ninguém. Importunavam os homens, jogando-se com eles nas redes. Mas não era só prazer. Elas acabavam trabalhando para os colonos: ralavam a mandioca que eles comiam, teciam algodão para vesti-los, executavam os serviços da casa. Era preciso resolver o problema da falta de mulheres para casar e levar ao novo mundo a "salvação espiritual".

Mas quem eram os tais jesuítas dispostos a acabar com tantos pecados? Seis deles tinham vindo com Tomé de Souza. Estavam dispostos a tudo para acabar com o ditado de "que não havia pecado abaixo do Equador", explicava a menina. O líder, Manuel da Nóbrega, era gago, mas compensava o problema investindo numa estratégia de conquista de almas para a Igreja. Queria não só converter todos os indígenas, mas também transformar colonos indisciplinados, que não respeitavam mais as regras morais, em piedosos católicos. Para isso não poupava esforços. Organizava casamentos em grupos, fazia sermões impressionantes, organizava festas e procissões religiosas, chicoteava-se em público para mostrar que, sofrendo, pagavam-se os pecados.

O mais importante, contudo, era o exemplo que eles mesmos, os jesuítas, davam: tendo feito votos de pobreza e castidade, eram paupérrimos. Toda esmola que recebiam passavam aos pobres e necessitados. Trabalhavam sem parar, erguendo paredes, fazendo carpintaria, cuidando dos doentes. Se viam uma indígena nua, corriam para vesti-la com a "tipoia", um saco de algodão com aberturas para a cabeça e os braços. Um deles chegou a receber o apelido de Aberebê, ou "padre voador", por estar em toda parte. Seu nome: Leonardo Nunes.

Para atrair os nativos, Nóbrega começou a lutar contra a escravização ilegal deles. Sim, pois os colonos que aportavam na Terra de Santa Cruz não hesitavam em forçá-los a trabalhar de graça. Para isso, junto com seus companheiros, Nóbrega aprendeu a língua dos indígenas e montou uma escola para ensiná-los a ler e escrever. Em pouco tempo, as crianças já cantavam hinos religiosos em tupi e participavam da missa. Isabel disse que era para uma dessas escolas que Pedro, Paulo e os demais órfãos seguiriam. "Língua", ela explicou, era o nome dado aos portugueses que aprendiam a falar tupi para comunicar-se com os nativos e atraí-los para a vida civilizada: escola, igreja e casamento.

Era grande Santa Cruz? Nem se conheciam seus limites, respondeu Isabel. Acima de São Salvador, ficavam as chamadas "capitanias de cima". A mais importante delas era a próspera Pernambuco, ou Nova Lusitânia, a cerca de oitocentos quilômetros de São Salvador. Seu donatário chamava-se Duarte Coelho. Militar experimentado até nos mares que banhavam a China e a Tailândia, ele vendeu seus bens e mudou-se com amigos e parentes para a ponta da Terra de Santa Cruz mais próxima de Portugal. No verão de 1535, fundou a vila de Igaraçú. Meses depois, instalou-se mais ao sul, no topo de uma colina à beira-mar. Nascia Olinda.

Foi um administrador eficiente. Plantou os primeiros pés de cana-de-açúcar e instalou engenhos. Cuidadoso com a natureza, ele proibiu que se jogasse bagaço de cana nos rios, cujas águas empurravam as moendas. Em 1540, já exportava entre quarenta e cinquenta naus de açúcar para Lisboa. Mas não conseguiu conter os malfeitos. Muitos colonos preferiam traficar escravos e pau-brasil com piratas franceses. Outros insuflavam rebeliões indígenas, para escravizar os perdedores. Várias vezes, Duarte Coelho escreveu ao rei D. João III pedindo ajuda para impor ordem na capitania. A resposta foi a vinda de Tomé de Souza a Olinda. Só que o objetivo da visita não era aumentar, mas diminuir os poderes do donatário.

Ele reagiu com vigor. Escreveu novamente ao rei, defendendo suas posições e pedindo distância dos que quisessem "bulir" nos assuntos de suas terras. A luta entre o poder local do donatário e o poder central, representado pelo governador-geral, teve um triste fim. Depois de desenvolver Pernambuco com sucesso, e já no final da vida, Duarte Coelho foi a Portugal para tratar do assunto em audiência com o rei. Foi tão mal recebido que morreu de tristeza, dias depois.

A ausência de controle incentivou os piratas franceses a frequentar cada vez mais a costa, desde a capitania de Itamaracá e as várias enseadas do litoral da Paraíba até o Rio Grande do Norte. De lá para cima, as terras – Ceará, Piauí e Maranhão – eram quase inatingíveis para quem chegasse por mar de Portugal. Quanto mais isolado melhor, acreditava o rei, que julgava existir por ali um caminho que levasse às minas de ouro e prata do Peru. Minas de ouro que ele queria só para si.

Abaixo da Bahia figurava a capitania de Ilhéus, onde se tentou cultivar cana-de-açúcar desde o início. Por ordem de seu donatário, Jorge de Figueiredo Correa, cerca de quatrocentos habitantes e oito engenhos se puseram a trabalhar. Sem sucesso! Não se conseguia desalojar os bravos índios aimorés e tupinambás que ali viviam. Os estrangeiros saíram corridos e seu trabalho foi destruído.

Correa nunca colocou os pés em Ilhéus, que virou lugar de "ladroíce e malícia". De lá partiam naus que iam pela costa escravizando índios. Os alvos mais fáceis eram os dóceis carijós. Eles não praticavam a antropofagia! De novo, a antropofagia, pensaram Pedro e Paulo: mas o que seria isso? Isabel explicaria mais à frente.

Oitenta quilômetros ao sul, entre a foz dos rios Poxim e Mucuri, outra capitania: a de Pero do Campo Tourinho. Ele trouxe mulher e filhos e desenvolveu a atividade de pesca à garoupa, pois os cardumes eram enormes na região. Tourinho era homem de humor duvidoso, que gostava de debochar de cardeais, do papa e até de santos. Autoritário e tirano, ganhou o ódio de seus colonos quando quis que eles trabalhassem seis dias por semana, sem respeitar os dias de festa da Igreja católica. Na primeira oportunidade, foi por eles acusado e condenado como herético. Enviado "em ferros" para Lisboa, foi julgado pela Inquisição e acabou seus dias na miséria.

Depois de passar os perigosos arrecifes de "abra os olhos" ou Abrolhos, chegava-se ao Espírito Santo. Lá, a desordem era total: colonos entrincheirados e índios que os atacavam, sem misericórdia. Seu donatário, desesperado, preferiu voltar a Portugal. Em São Tomé, os índios também se revoltaram, mataram gente e queimaram os canaviais. O jovem donatário chamava-se Vasco Coutinho. Nas lutas, ele perdeu um olho, muitos amigos e deixou quinze anos enterrados numa terra que nada lhe deu.

A foz do rio Macaé marcava o limite das capitanias do sul. Eram quatro, mas só uma foi ocupada: São Vicente. Todas pertenciam a primos de Tomé de Souza. Martim Afonso ganhara o lote do Rio de Janeiro, que ia da foz do rio Macaé à baía de Caraguatatuba. Dali até o canal de Bertioga ficava a pequena capitania de Santo Amaro, que pertencia a Pero Lopes, irmão mais moço de Martim Afonso. Deste limite até a ilha do Mel, outra capitania, a de São Vicente, pertencia ao mesmo Martim Afonso. E desta até Laguna, ficava a capitania de Santana: isolada e abandonada, além de estar em território pertencente à Espanha. Isabel lembrou algo que todos tinham esquecido: segundo o tratado de Tordesilhas, assinado entre as coroas ibéricas, em 1494, as possessões portuguesas terminavam em Cananeia.

Muita terra, pouca gente, dizia a menina. Nas regiões pouco habitadas, o contrabando corria solto. Piratas trocavam lã, vidros, ferramentas e material de costura e pesca por tintas vegetais, pau-brasil e até açúcar bruto e melaço. Muitos perigos e aventuras, pensaram Pedro e Paulo.

## Nos portões do Paraíso ou do Inferno?

Ela não tinha medo da vida na Terra de Santa Cruz? Isabel só temia duas coisas. Os canibais e a Ipupiara, o demônio das águas ou mulher-marinha. Não queria encontro com nenhum deles...

Soubera que a Ipupiara existia e habitava as praias do Recôncavo Baiano. Formosa de longe, aterrorizava de perto. Tinha cabeça humana, mas focinho de cachorro, duas séries de dentes cortantes. Nada de pelos ou orelhas. Os olhos tinham pálpebras e eram oblongos como os dos felinos. Seus braços eram curtos e ela não tinha seios, ao contrário das sereias. Os dedos eram de carne cartilaginosa, com uma pele unindo-os entre si, como os pés de pato. A pele do corpo até o umbigo era grossa e fosca como a dos elefantes ou dos tubarões. Atraía pescadores e os matava de maneira muito especial: apertava-os, beijando-os e deixando-os em pedaços.

Em pedaços ficavam também aqueles que fossem feitos prisioneiros dos índios canibais. Homens, bichos ou mistura dos dois? Cortavam as pessoas, penduravam pernas e braços a secar ao sol, puxavam-lhes as tripas pelo ânus, depois cozinhavam tudo e comiam num grande banquete. Tal horror só provava que os nativos tinham parte com o Diabo e que o endereço deste último era mesmo o Brasil. Todos se benzeram!

Assim que Isabel acabou seu relato, da vigia, um marinheiro começou a gritar. Todos correram ao tombadilho e viram pássaros voando para o sul: sinal de terra. Alguns se puseram de joelhos, agradecendo a Deus. Um maravilhoso cheiro de árvores, flores e frutas invadiu os narizes. O capitão chamou o piloto para examinar os mapas. Mediram a posição do navio. Com sorte, amanheceriam na frente da Praia, também chamada de Cidade Baixa. Tinham deixado Lisboa há mais de setenta dias. Sem contar a tempestade e a calmaria que os detiveveram, teria sido uma "viagem bem disposta"!

CAPÍTULO IV

# A descoberta do Novo Mundo

Avistaram São Salvador pela primeira vez antes mesmo da alvorada. A leste, via--se a lua ainda cheia. A oeste, a estrela da manhã começava a brilhar com todas as luzes. A brisa vinda da terra soprava nos rostos juvenis dos dois amigos. Das matas, ruídos e gritos de estranhos pássaros e animais chegavam à nau. À volta do barco, cardumes coloridos passavam em velocidade nas águas calmas dos estuários dos rios que se misturavam ao mar. A topografia suave, terminada em restingas e manguezais, deixava ver a população de pescadores, marisqueiros e catadores de caranguejos que, cedo, se movimentava nas praias. A presença de flores nos arbustos que

estendiam seus galhos até o mar dava um colorido espetacular à paisagem.

Todos estavam ansiosos por pisar em terra firme, esquecer os dias passados numa quase prisão. Pedro e Paulo iam conhecer os indígenas. Quem eram? Por que eram chamados assim? Queriam saber tudo, afinal, iam ser os meninos-língua: tradutores do português para aquilo que falassem.

Isabel, que parecia saber tudo, respondeu: quando chegou à América, em 1492, Cristóvão Colombo achou que chegara às Índias. Logo, os habitantes das terras desconhecidas seriam os "índios". Os portugueses sabiam que eles não eram como os negros africanos, os hindus ou os mouros. Preferiam chamá-los de "bárbaros", de "gentios" ou de "negros da terra", por causa do tom amorenado da pele. Suas tribos ocupavam todo o litoral de Santa Cruz.

Os Potiguar, grandes canoeiros e inimigos de Portugal, mandavam em Itamaracá; seriam uns 90 mil. Os Tremembé, mergulhadores e nadadores, ora eram amigos ora inimigos; eram 20 mil. Os Tabajara, mais ou menos 40 mil moradores da região que ia da ilha de Itamaracá ao rio Paraíba, tornaram-se aliados.

Os Caeté, depois de devorar o bispo Sardinha em 1562, foram considerados inimigos da nação portuguesa e a ordem era escravizá-los; seriam 75 mil. Os Tupinambá eram o maior grupo: cerca de

100 mil, transitando entre a margem direita do rio São Francisco até o Recôncavo Baiano. Gostavam de novidades, mas eram de briga. Os 30 mil aimorés ou botocudos eram bravíssimos e foram responsáveis pelo fracasso das capitanias de Ilhéus, Porto Seguro e Espírito Santo. Os Tupiniquim foram os primeiros a avistar portugueses. Viviam no sul da Bahia e também no sul de São Paulo, entre Santos e Bertioga. Os Goitacá apavoravam os portugueses por sua violência; caçavam tubarões e comiam gente. Os Carijó, cerca de 100 mil, eram os mais dóceis e receptivos à catequese. Estavam instalados entre Cananeia, em São Paulo, e a Lagoa dos Patos, no Rio Grande do Sul. Dois grupos iriam se afrontar: os Tamoio, aliados dos piratas franceses e senhores da baía de Guanabara; e os Temiminó, inimigos dos tamoios e aliados dos portugueses. Pedro e Paulo não sabiam, mas iam viver essa aventura.

Acabavam de conversar quando a nau *Conceição* fez as últimas manobras para acostar no porto. As despedidas foram longas. Grumetes e "meninos dos Santos" haviam se tornado amigos. Abraçaram-se com a promessa de reencontros. O capitão Estevão Alvo se colocou à disposição para levar mensagens aos que tinham deixado parentes em Portugal. A *Conceição* ia voltar para lá em breve. Pequenos bilhetes e embrulhinhos lhe foram confiados. Os degredados despediam-se entre si: seu futuro era incerto, mas a cidade era pequena. Iam se cruzar pelas ruas. Branca foi a única deixada de lado. Todos continuavam a temer a bruxa. Insegura, Isabel procurava entre a pequena multidão no cais aquele a quem seria entregue. Os meninos liam a preocupação em seus olhos. Seria muito velho? Muitas vezes, jovens eram entregues a homens que podiam ser seus avôs.

Em meio à gente que se acotovelava, duas figuras se destacavam. Tinham o rosto severo e trajavam a mesma batina do padre que os acompanhou até o porto, em Lisboa: jesuítas. Mais uma vez os "meninos dos Santos" fizeram fila e desta vez para cumprimentá-los. Um era o padre Antônio Rodrigues, que trocou a espada pela túnica marrom. Por dezoito anos foi soldado dos exércitos espanhóis na América. Fundou Buenos Aires e Assunção. Atravessou a pé o Chaco paraguaio, chegando ao centro da América Portuguesa. Velho estradeiro, falava guarani e tocava flauta. O outro era o padre Diogo de Santa Maria, que estudou em Paris e falava francês. Ambos eram magros, bronzeados, tinham lábios duros, narizes aduncos como de águias e fisionomias serenas. Foram olhados com admiração. Pedro ia aproximar-se de padre Antônio, cujas narrativas de viagens o encantavam. E Paulo, a padre Diogo, pois sempre ouvira falar da França. Queria saber mais...

Em São Salvador, os jesuítas tinham um conjunto de modestas construções e uma igreja de taipa. Era o início do Colégio. Um pátio pequeno abria para as salas de aula. Na portaria, bancos sob uma grande luminária aguardavam os visitantes. Uma horta abastecia a cozinha com os legumes que eram raros na terra, pois as formigas devoravam tudo. Os padres, que eram poucos, continuavam a erguer cômodos, misturando barro e pedras. Um deles era excelente carpinteiro. Outro dava aulas de letras. Outro ainda esmolava pelas ruas, pedindo ajuda para seu Colégio. Eram ajudados por "mamelucos", filhos de índias e portugueses.

Mas não ficavam sempre na cidade. Em cinco aldeias próximas a São Salvador, onde se misturavam portugueses, já há algum tempo na terra, e indígenas, os jesuítas tratavam de levantar capelas, onde rezavam missa, realizavam procissões e festas religiosas. Na sua primeira impressão, os padres julgaram os indígenas criaturas encantadoras, crianças grandes, bárbaras, mas fáceis de cristianizar e de acostumar à vida entre civilizados. Algum tempo depois passaram a achá-los selvagens, rancorosos e sanguinários. Apesar disso, os jesuítas queriam ir mais longe. O acordo com D. João III fora evangelizar a Terra de Santa Cruz, transformando os demônios que ali moravam em anjos.

Em fila, os meninos seguiram os padres, cruzando as ruas lamacentas da cidade. Pedro e Paulo viram os "negros da Guiné", assim chamados os que vinham da África. Misturados à multidão, carregavam barris de água ou fardos de madeira e cana. Sentados nas esquinas, alguns teciam cestos com as folhas de palmeira. As mulheres traziam balaios na cabeça, carregados de mantimentos. Todos trabalhavam e eram vigiados pelos olhos atentos de algum português. O menor sinal de cansaço ou qualquer tentativa de conversa era interrompido pela voz do senhor: "ao trabalho". E seguia-se um zunido de chicote.

Acostumados aos gritos e cascudos, os meninos entenderam que a violência ia continuar. Ao caminhar perto dos padres, iam ouvindo sua conversa: padre Nóbrega estava com o governador Mem de Sá no Rio de Janeiro. Nessa capitania, eles enfrentavam os franceses, considerados "hereges", pois eram seguidores de Calvino, um dos líderes da Reforma protestante, e tinham construído uma fortaleza: o forte Coligny. Isso era um problema para a Coroa portuguesa, pois dividia a Terra de Santa Cruz em duas partes. Além disso, os franceses controlavam e atacavam os navios que iam da Bahia para São Paulo. Os índios tamoios tinham se aliado aos "papagaios amarelos" na luta contra os "perós", os portugueses.

Entre os padres, começou uma discussão sobre aonde mandar os meninos. Iriam todos para uma das missões ou seriam mandados para o sul? Por que não enviá-los para o sertão, em busca de novas almas? – perguntou padre Antonio. Em voz baixa, padre Diogo disse que tinha medo que fossem comidos, como aconteceu com o bispo Sardinha. Seu navio naufragara na costa de Alagoas e o rico bispo, dono de muitas terras, virou banquete dos ferozes caetés. Castigo? Talvez. Afinal, ele perseguiu tanto o padre Nóbrega que esse preferiu seguir para as capitanias do sul, para ficar longe de Sardinha. Padre Diogo temia, também, que os meninos fossem massacrados com tacapes, como sucedeu a dois outros jesuítas, primeiros mártires da Companhia.

O grupo se dirigia para fora dos muros da cidade. Iam em direção ao chamado Terreiro de Jesus, onde se encontrava o Colégio. No caminho cruzaram roças destinadas ao abastecimento de São Salvador. Os amigos iam vendo as primeiras plantas cultivadas, os primeiros laces de gado, os animais de montaria recém-desembarcados de Portugal, assim como aves de pequeno porte. Tudo lembrava a Paulo a terra onde crescera e que já começava a esquecer. Engenhocas rústicas moíam a cana-de-açúcar recém-introduzida na paisagem. Era o embrião dos primeiros engenhos açucareiros.

Cruzaram um grupo de indígenas vestidos com camisões de pano. As crianças iam nuas. Moças traziam bebês envoltos num pano amarrado entre o ombro e a cintura. A maioria das mulheres trazia as camisolas curtas, o que permitiu aos meninos olhar suas pernas. Lá em Portugal, essas estavam sempre cobertas. Bonitas? Algumas, mas davam mais pena do que acendiam o desejo. O grupo de indígenas parecia gado sendo tangido na direção da cidade. Um português os maltratava, espancando os retardatários.

Padre Antonio murmurou: "Os brancos também iam contra o que Deus mandava, fazendo o que o Demônio queria". Eles atacavam as roças dos índios para roubar mantimentos, raptavam suas mulheres e filhas e ainda os chamavam de cães, o que era proibido. Trouxeram para as aldeias todo tipo de doença: as bexigas eram as piores. Pior é que ensinaram os indígenas a vender seus irmãos mais desamparados como escravizados.

Mas os indígenas se vingavam. Não era à toa que flechavam pelas costas os colonos que entravam nos matos, incendiavam fazendas e colocavam armadilhas pelos caminhos. No sertão, muitas tribos preparavam ataques contra os portugueses. Não tardariam a se vingar...

Padre Nóbrega e Mem de Sá estavam tentando colocar em prática uma solução para tantos conflitos: eram os aldeamentos. Neles os indígenas poderiam viver em paz, trabalhando apenas para manter a comunidade. Seriam protegidos da escravização pela autoridade do governador-geral. Os jesuítas ajudariam, ensinando a ler e escrever, convertendo, batizando e casando as pessoas. O problema, dizia padre Diogo, era a falta de braços no resto da capitania. Os portugueses precisavam de gente para abrir estradas, transportar mantimentos e ajudar nas plantações e na colheita. Sem os indígenas, como fazer? Daí as brigas terríveis dos padres com os donos de fazendas ou com os brancos que queriam escravizar indígenas. Para sorte dos jesuítas, Nóbrega e Mem de Sá tinham se tornado grandes amigos. Prometeram que cuidariam bem dos nativos que quisessem se converter. Os outros, rebeldes que resistissem, seriam amarrados às bocas de canhões, depois explodidos. Ou caçados e mortos a tiros de bacamarte. Como animais!

Ao ouvir todas essas histórias, Pedro e Paulo se perguntavam: afinal, aonde iriam? A situação era de tensão e conflito entre indígenas, colonos e padres. Teriam tempo para achar as minas de ouro, as cidades submersas e os seres monstruosos sobre os quais tinham ouvido falar? E as aventuras que os transformariam em cavaleiros cuja recompensa seria uma princesa e um castelo? Na Terra de Santa Cruz a natureza era rica. Mas a gente, paupérrima. Mais pobre do que eles, em seus vilarejos no interior de Portugal. O que significava que só trabalhariam. Seria, disse Paulo a Pedro, uma espécie de escravidão!

Chegando perto da aldeia, o sino da capela pôs-se a tocar. Um bando de meninos correu para a estrada para receber os padres e os novos "língua".

Um deles, mameluco, trazia uma grande cruz entre as mãos. Alegria geral! Padre Antônio tirou a flauta da mochila e pôs-se a tocar. Os indígenas e mestiços dançavam. Alguns sacudiam maracás: cocos furados com pedrinhas dentro. A angústia de Pedro e Paulo diminuiu diante da demonstração de boas-vindas. As portas de uma casa de barro e paus, coberta de palha, estavam abertas. Uma única sala abrigava a escola, a enfermaria, a cozinha e a despensa. Algumas meninas descascavam mandioca. Outras limpavam macacos e lagartos. Era o almoço. Ali se comia o que se caçava.

"Ao rio, ao rio!", gritaram os padres para os meninos. A criançada, com os meninos-língua no meio, debandou. As águas chamavam ao banho. Banho? Pedro e Paulo não sabiam o que era. Em Portugal, tinha gente que só tomava um, na vida. Mesmo assim, se estivesse muito doente. Mas se juntaram ao grupo. Atrás da escola e da igreja, águas mansas cantavam em meio à mata. Com elas se regava a horta de abóboras e couve, nas margens. Os jovens indígenas se comunicavam por gestos com os recém-chegados. Pedro mergulhou com eles. Pulos e gritos de alegria. Paulo, mais tímido, observava como se fazia para boiar. Experimentou a água fresca. Alguns meninos se afastaram com anzóis. Iam pescar.

Acostumado a nadar, Pedro embicou na direção da outra margem com braçadas fortes. Sentiu a corrente mais forte e deixou-se flutuar. Um tronco liso e meio amarelado passava ao lado e ele apoiou-se com força. Horror! O tronco se contorceu e era frio. Da praia, os meninos gritaram. Ele pôs-se a bater as pernas a toda velocidade. O tronco deslizava junto. Parecia persegui-lo. Um mameluco atirou uma pedra. Seguiu-se uma chuva de pedras que procurava afastar o tronco. A última vez que Pedro olhou para trás, viu que o tronco tinha olhos com a pupila vertical. Pedro aprendeu: era uma jiboia.

Passado o susto, os amigos se reuniram. Bento e Tiago juntaram-se a eles. Agora era unir-se para sobreviver. Sobreviver ao trabalho que executariam, à língua desconhecida, à severidade dos padres e aos perigos da mata.

O dia a dia se estabeleceu. Todos dormiam juntos, no grande cômodo da escola. O ronco dos padres acompanhava o sono dos meninos. Acordavam com o toque do sino. Pulavam das esteiras para ir à igreja. Lá, uma primeira missa era rezada. A flauta de padre Antônio dava o ritmo. Os padres esperavam que eles cantassem durante o ofício. Os pequenos indígenas assistiam a tudo como se fosse um espetáculo. Por vezes, via-se chegar um adulto ou um grupo, enfeitado com penas na cabeça e pedaços de osso metidos entre os beiços, puxando seus filhos pelas mãos. Entregavam-nos aos padres.

Depois da missa, o almoço e as aulas. Os amigos aprendiam com os mamelucos o tupi-guarani. Cada palavra tão diferente! Já os jovens e meninos indígenas tinham aulas de primeiras letras e religião, decorando tudo. Depois, todos juntos, ajudavam na manutenção do edifício, rebocando e pintando. Plantavam e colhiam legumes. Metiam-se a fazer instrumentos musicais.

O melhor: Pedro e Paulo aprenderam a andar na mata. Foi como desvendar um mistério. Com os indígenas e os mamelucos aprenderam a marcar as trilhas, quebrando galhinhos. A achar colmeias de abelhas, retirar mel e cera, sem serem picados. A pegar ovos nos ninhos. A identificar o grito dos diferentes macacos: o bugio, o aranha, o prego, os micos-pretos e os micos-leões-dourados. A comer carne de teiú, um lagarto grande e cinzento. A dar de comer ao lobo-guará que chegava pertinho da aldeia. A fugir dos catetos que atacavam em bando, fazendo barulho com as queixadas. A nadar junto com capivaras e ariranhas.

Ao chegar a noite, os amigos olhavam a floresta escura. No início, temiam os barulhos. As folhas faziam ruído triste e a coruja piava por alguém que estava morto. Lá longe, pensavam ouvir o som de um fantasma chorando. Pouco a pouco as coisas mudaram. Tudo parecia pintado de novo. A água do rio refletia as estrelas. Como era bom pisar na terra, olhar a copa verde das árvores, assistir à confraternização das crianças com cabelos em forma de cuia e corpos morenos.

Também era bom olhar as meninas. Algumas já moças. Quando iam tomar banho de rio, voltavam com os camisões molhados colados ao corpo. A visão enchia os meninos de desejo. Mas tudo era considerado pecado, inclusive olhar as meninas. Havia duas que interessavam a Pedro e Paulo. Eles gostavam de ouvir como elas pisavam: macio. Cheiravam bem. Tinham um olhar rápido e medroso, como se estivessem prestes a se esquivar de uma palmada. Os sorrisos se mostravam por um instante. Depois, desapareciam. Certo dia, elas lhes deram as mãos, deixando os amigos em meio a um turbilhão de sensações.

Os meses passaram rápido. Eles tinham aprendido a língua e sabiam se comunicar com os indígenas adultos que entravam e saíam da aldeia levando e trazendo crianças. Os pais vinham assistir ao "batismo" dos seus filhos, vestidos de branco, com flores na cabeça e palmas nas mãos. Nesses dias, um verdadeiro espetáculo se improvisava. O rei tinha enviado vários instrumentos musicais e, depois de bem ensaiados, os mamelucos e eles faziam música. Os indígenas ficavam loucos de alegria. Dançavam e alguns, com seus longos instrumentos feitos de taquara, faziam barulho também. Os curumins, com seus molhos de flechas nas mãos, pintados de várias cores, davam seus gritos de guerra e depois iam receber a bênção dos padres, dizendo em português: "louvado seja Jesus". Os padres aproveitavam para pregar: só Cristo era o "verdadeiro Deus que fez os céus e a Terra e todas as coisas para nós". E ele lhes enviava a cruz para que se salvassem do Inferno e do Diabo.

Mas não eram apenas as festas que impressionavam. A "disciplina" tornou-se outro grande espetáculo. Os jesuítas acreditavam que esse mesmo corpo que se exibia nas procissões era "um monte de esterco". Só servia para pecar. Por isso, era preciso maltratá-lo. Uma vez por semana, às sextas-feiras, todos os jovens se reuniam dentro da capela cujas portas eram fechadas e, rezando em voz alta, flagelavam-se com chicotes e varas. O importante era deixar correr sangue das costas. Machucar-se era a maneira de mostrar o quanto eram fortes. Nada de lágrimas. Sobretudo entre os maiores. A ideia de pecado – olhar as meninas no banho de rio, os pequenos seios colados ao camisão molhado, as rachas depiladas – ajudava Pedro e Paulo a não chorar.

Por vezes, brancos se aproximavam da aldeia. Com o olhar comprido, avaliavam a musculatura dos jovens índios adolescentes. Queriam esses jovens para lavrar seus campos e plantar suas canas. Precisavam deles para construir cercas. Tudo fariam para escravizá-los. Capturá-los apenas depois de suas guerras estava difícil. Ali, ficavam de olho nos que tinham dificuldade para se converter ao catolicismo. Esses podiam ser legitimamente capturados. Ainda tentavam convencer os mais fortes a trabalhar em troca de salários.

Os conflitos com os padres eram constantes. A Igreja não queria o indígena como escravizado, mas não se importava com os "negros da Guiné", os africanos. Achava que eles não tinham alma e, portanto, não precisavam ser convertidos. Eram vistos como uma espécie de máquina de trabalho. Para comprá-los, pagavam-se impostos baixos. E os senhores de engenho podiam importar do Congo até 120 por vez. Enquanto alguns lavradores enriqueciam, construindo belas casas e importando do Oriente louça da China para servir-se na mesa, os jesuítas seguiam à risca o voto de pobreza que tinham feito. De acordo com o texto das Constituições da Companhia de Jesus, nenhum padre poderia ter renda alguma. Viviam e davam de comer aos seus alunos, do que conseguiam arrancar da terra.

Notícias chegavam da capitania do sul: São Vicente. Lá ficou outro jesuíta importante: José de Anchieta, nascido nas ilhas Canárias e que tinha chegado a Santa Cruz com vinte anos. Ele fundou uma cidade no alto da serra, Piratininga, depois São Paulo. Fundou também o primeiro colégio jesuítico. Falava tupi correntemente.

Escreveu uma gramática em língua tupi, vários poemas em louvor à Virgem Maria e as primeiras peças de teatro encenadas: tudo para a catequização dos índios. Algum tempo depois e junto com Nóbrega, Anchieta iria enfrentar a Confederação dos Tamoios: mais de 100 mil homens armados, dispostos a arrasar a obra dos portugueses e mamelucos no litoral. São Vicente, Santos e Piratininga iriam sumir do mapa. Pedro e Paulo ainda não sabiam, mas estariam lá, também...

Circulavam rumores de que padre Antônio ia conduzir uma expedição ao sertão. Ia ao encontro de tribos com as quais ainda não tinham contato. Mais. Ia resgatar um prisioneiro que ia ser comido. Os padres e o governador-geral Mem de Sá odiavam o canibalismo. Tinham horror ao fato de que os mortos não tinham enterro decente e iam para o fundo do estômago dos índios. Certa vez, conseguiram trazer o cadáver de um desses guerreiros para ser enterrado ali, perto da capela. Mas eis que, no meio da noite, a aldeia foi invadida por parentes, que desenterram o corpo, todo inchado e fedorento, levando-o embora. Era uma desonra não ser devorado pelos seus. Pedro e Paulo aprenderam que bebês aleijados ou gêmeos eram enterrados vivos. E que não havia melhor sepultura para um aborto do que a barriga da própria mãe.

Certa noite, com a lua já descendo em direção ao poente e um vento forte soprando, Pedro e

Paulo acompanharam a expedição, que se dividiu em quatro canoas, cada qual com dez remeiros. Algumas nuvens espalhadas cortavam o céu mais escuro. Os jovens mamelucos e os demais "língua", Bento e Tiago, iam junto. Sentado na proa, padre Antônio avisou: a terra era grande e os demônios, muitos. Por isso, iam rezando. Sacou do rosário e começou a Ave-Maria. Os remos batiam compassados na água escura. Apesar do hábito de navegar pelo rio, certo desconforto se instalara. Havia angústia nos rostos.

Subiam lentamente o rio, respondendo às orações do padre. Já viajavam há algumas horas quando, depois de uma longa curva, viram-se num lugar estranho. A luz fraca da manhã não permitia que avistassem o fim do túnel de árvores no qual mergulharam. Árvores altas como mastros de navios juntavam as copas, impedindo a claridade. Cipós e lianas se entrelaçavam como os dedos da mão. Ouviu-se um galope de passos furtivo. Abriu-se um buraco na folhagem das margens, e de lá partiram dezenas de flechas na altura do peito dos remadores.

Pedro e Paulo pareciam chocados diante do barulho dos remos tangendo vigorosamente a água e tentando fugir do assalto inimigo. Gritos agudos de guerra se misturavam no ar. Os meninos se agacharam no ventre da canoa, enquanto a chuva de flechas continuava. Sentiam-se frágeis, pois não tinham como se defender. Tinham medo. Os corpos estavam doloridos. Uma explosão do tiro de bacamarte com seu clarão de fogo silenciou os índios arqueiros por alguns segundos. Fora de padre Antônio, que não queria fazer mal a ninguém: só escapar. Mas os rostos logo se mostraram cheios de crueldade e terror.

A juventude de Pedro e Paulo já estava habituada aos perigos: perigo de naufrágio na viagem, perigo de animais selvagens, perigo de escravização. Mas o perigo escondido nos rostos pintados que viram através das folhagens os imobilizou. Viram padre Antônio ajoelhar-se e, dirigindo-se aos remadores e meninos, ordenar que pedissem perdão por seus pecados, convicto de que todos morreriam. Alguns corpos já se retorciam, com as flechas enterradas nas costas ou braços. Bento, que estava próximo ao jesuíta, recarregou o arcabuz com pólvora, socou tudo com uma forquilha, preparou a culatra, acendeu a bucha e disparou em direção às margens. Isso levava um tempão, enquanto as flechas atravessavam as tábuas das canoas. Quando tudo parecia perdido, os indígenas suspenderam o ataque. Para intimidar o grupo, o chefe mostrou aos apavorados tripulantes o crânio onde bebia e que usava como sinal de grande vingança.

O que fazer? Começaram contando os caídos. Havia muitos, e entre eles, Tiago, que levou uma lança nas costas. O "língua" tinha o rosto sem cor, mas molhado de lágrimas. O sofrimento contraía seus traços e ele mal respirava. Temia-se o veneno na ponta das armas feito com suco de mandioca selvagem. Padre Antônio resolveu que voltaria para a aldeia com os feridos. Indicou um mameluco, Manoel Bastardo, para seguir viagem. Os sobreviventes tinham que chegar à aldeia e salvar o prisioneiro, destinado ao banquete antropofágico. Abençoou a canoa com os amigos, o mameluco e alguns remeiros. Mandou tocar a sua de volta, sob os gemidos dos agonizantes. Bento, agarrado ao mosquete e ao saco de pólvora, ia como guardião da missão fracassada.

CAPÍTULO V

# A caminho da Terra sem Mal...

Mata fechada. Depois do combate, tudo parecia silencioso demais. Escuro demais. Nem um pio de pássaro, nem um urro de macaco. Apesar do medo, os meninos saboreavam a beleza gloriosa da paisagem: sucupiras, jacarandás e vinháticos de copas imensas. Um céu azul admirável. O barulho da água nas pedras das margens. O canto da rã-bugio. Manoel Bastardo sinalizou que iriam descer da canoa mais à frente. Embicaram numa prainha. Pedro e Paulo conversavam baixinho sobre o que achavam que iam encontrar: "lobos", "porcos", "demônios". Assim eram chamados os gentios, nome que os jesuítas davam aos índios não catequizados.

Pipocavam informações terríveis que vinham se acumulando sobre a vida que levavam: nudez, poligamia, bebedeiras, crença no Diabo. Mas, quem sabe, um deles não lhes levaria até a cidade de ouro? Ficariam ricos, poderiam voltar para casa. Ideias boas e ruins eram trocadas entre os dois amigos, maneira de ganhar confiança ante a aventura que se preparava.

Os meninos conheciam pouco Manoel Bastardo. Ele era só alguns anos mais velho. Tinha as orelhas perfuradas e o cabelo tosquiado na frente e comprido atrás. Ficaram impressionados quando o jovem apontou um canto da mata e disse, seguro: por ali. Qual não foi a surpresa, ao passar os primeiros arbustos, encontrar um caminho na mata. Uma estrada. Manoel explicou: era um peabirú. Toda a floresta e o sertão eram cortados por peabirús ou, em tupi, "caminhos que se percorrem". A malha de veredas levava de uma aldeia a outra ou de um acampamento ao outro. Todas as tribos tinham as suas e conheciam as outras.

Falando devagar e, por vezes, em tupi-guarani, Manoel explicou-lhes que havia um grande peabirú que levava para a Terra sem Mal. Mas onde era isso? Longe: além das montanhas. Mas era um lugar onde não havia dor nem miséria. Ali moravam as almas dos antepassados e os deuses. A gente só cantava e se divertia. Os velhos ficavam moços. As frutas se multiplicavam nas árvores. A caça e a pesca vinham até suas mãos, pois as flechas e lanças voavam sozinhas, indo buscá-las. Não precisavam trabalhar para comer. Só os pajés ou caraíbas podiam vislumbrar as terras desejadas. Os mortos lhes falavam e davam notícias dos guerreiros valorosos que ali esperavam seus irmãos.

Paulo estava interessado em saber se não era na Terra sem Mal que se encontrava a cidade de ouro, as minas de prata do Peru, o tesouro dos espanhóis. Pedro queria saber o que eram caraíbas. Manoel explicou: eram homens santos que curavam doenças, mas que tinham também o poder de provocá-las. Adivinhavam o futuro e prediziam os sucessos ou derrotas nas guerras. Falavam através de uma cabaça pintada com uma figura humana. Quando chegavam às aldeias, faziam-lhes grandes festas. Eles não só se comunicavam com os mortos, que lhes diziam o que ia acontecer, como os visitavam com frequência. Viajavam no ar... Isso interessou ao menino, que se imaginou voando de volta para casa.

Enquanto conversavam, avançavam pelo peabirú. Vez por outra, o olho cruzava um habitante da mata: uma cobra-cipó ou coral enroscada numa bromélia, uma cotia solitária em busca de companhia, a gritaria dos periquitos. Manoel explicou que Macaxeira era o espírito dos caminhos e estava cuidando deles. O problema era Jurupari: um corpo de morto-vivo, fétido. Ele tomava formas estranhas, estava proibido de entrar na Terra sem Mal e atacava os indígenas. Seu grito medonho na noite assustava quem o ouvisse. Tinham que chegar à aldeia antes do cair da tarde. Acabando de falar, Manoel quebrou uma flecha e pousou-a no chão. O que é isso? – perguntaram os meninos. Oferenda para ele não nos machucar... – respondeu o mameluco. Ele ia pedir a proteção de seres bons e luminosos: seus avós. Se um pássaro cantasse bonito, era bom sinal. Os espíritos ancestrais costumavam encarnar neles. Um sanhaço de penas azuis respondeu. Podiam ir em paz...

Os meninos não contiveram a curiosidade: mas como Manoel, que cantava a missa tão bonito, acreditava naquilo tudo? O mameluco abriu um largo sorriso. Era bom saber o que os brancos tinham para ensinar, mas ele era daquela terra. Já estava na hora de voltar para casa. Muitos faziam assim... Passavam um tempo nas escolas e depois se perdiam mata adentro. Depois, por várias vezes ele ouviu os padres conversando: não os consideravam nem gente como eles. Uma vez foi chamado de corvo. Uma injúria! Ele queria mais era pintar o corpo com tinta de urucum, tocar atabaques em vez de flauta, fumar erva-santa e usar penas, em vez de calças. Não ia esquecer o que aprendeu com os jesuítas, mas seu lugar era entre os seus.

Tinham fome. Mas preferiram não acender a fogueira para ninguém ver a fumaça. Comeram farinha de mandioca seca e mataram a sede chupando cajus. Seguiram viagem, agora ouvindo a história do Curupira, entidade da mata que mandava na caça de porte e na caça miúda e tinha os pés às avessas. As árvores se inclinavam ao vê-lo. Quando se ouvia um assobio, era o Curupira passando. Pouco a pouco foram identificando touceiras de pacová, cujos frutos amarelos pendiam em cachos. Aqui e ali, pés de mandioca e amendoim: comida de gentio. Sinal de que estavam próximos de uma aldeia. Essas podiam ser distantes no espaço, explicou Manoel, mas estavam sempre unidas por laços de parentesco. Além disso, tinham a mesma relação de respeito com a natureza, os costumes religiosos e tribais.

Ao cair da tarde, avistaram a forte paliçada feita de troncos de palmeira rachada, a caiçara. No interior, sete grandes malocas em madeira trançada com cipó e recobertas de sapé. Em cada uma podiam morar cem pessoas ou mais. Dispostas em círculo, tinham três aberturas: uma em cada ponta e uma no centro. No centro, a praça quadrangular, onde se realizavam as danças, as reuniões do conselho de chefes e onde se enterravam os mortos.

Foram recebidos com gritos de alegrias. Manoel Bastardo era conhecido. Os meninos se sentiram em casa. Apresentados ao morubixaba, chefe ou "principal", como o chamavam os portugueses, Pedro e Paulo rapidamente entenderam que tinham encontrado a liberdade. E que os gentios nada tinham de lobos ou demônios. Eram apenas diferentes. Longe das feras descritas pelos portugueses, eram alegres e generosos. E tudo lhes impressionava: adultos não batiam em crianças. Os homens ajudavam suas mulheres a dar à luz. Tudo o que se caçasse ou pescasse era dividido. Se houvesse o que comer, ninguém passava fome. As refeições eram feitas em conjunto, permitindo brincadeiras e risadas. Não havia segredos: sabia-se quem dormia com quem. Todos os assuntos relacionados à vida diária eram resolvidos por um grupo de velhos sábios, que decidiam o que era melhor para o grupo. E também os assuntos sérios: as guerras entre tribos rivais, ataques a fazendas portuguesas que escravizavam índios e sacrifício de inimigos. Seria o tal banquete que Isabel mencionara, lá no navio? Será que nessas horas os índios se transformavam em cães?, perguntavam-se os meninos.

Pouco acostumados com a presença feminina e educados na crença de que tudo era pecado, Paulo e Pedro ficavam à vontade entre as meninas e moças da tribo. Podiam olhar para elas sem sentir-se sujos. Ninguém ficava se encarando. Não existia o sentimento de vergonha, e todos os seus gestos eram discretos e modestos. A nudez, que tanto incomodava os jesuítas, ali lhes parecia natural. A maioria das mulheres trazia coxas e pernas pintadas com suco de jenipapo, lábios e faces enfeitados com ossos e pedras, e colares de conchas ao pescoço. Desnudas, apenas exibiam sua perfeição física.

Os meninos também se impressionavam com a agilidade com que as mulheres trabalhavam: cedo iam para as roças espalhadas pela mata. Ali semeavam e plantavam raízes. Coletavam frutas silvestres como o araçá, o abiu, o maracujá, o bacupari. Perto do rio, buscavam pequenos crustáceos nas margens. Ajudavam os homens a transportar o pescado ou a caça. Cuidavam dos animais domésticos, fabricavam farinhas, preparavam remédios, cozinhavam e mantinham limpas as malocas. Nada a ver com a descrição dos jesuítas que pintavam as ocas como "escuras e fedorentas".

Todos eram muito mais limpos do que os portugueses. Tinham prazer em lavar-se nos rios, e os homens se deixavam pintar e depilar por suas mulheres e elas, por eles. Preparavam adornos com penas e gostavam de se enfeitar. Catar piolhos era uma atividade de lazer, quando se aproveitava para contar histórias. A hospitalidade com estrangeiros reforçava a imagem de um povo feliz. O clima na aldeia era amistoso, de verdade.

Tão amistoso que por lá circulavam mamelucos e alguns europeus, como eles. Um ou outro estava ali para fugir da Justiça do rei português. Outro, porque tinha facilidade de ir até São

Salvador buscar anzóis, agulhas e machados, necessários à sobrevivência do grupo. Era um aliado que os indígenas usavam quando necessário. Outro, porque vivia com uma membra da aldeia e dela já tinha filhos. Como Caramuru, ganhara a confiança do chefe e preferiu morar com a tribo. O chefe cedia suas mulheres a homens jovens que quisessem fundar malocas e submeter-se a sua autoridade. Poucos e dispersos, os europeus não afetavam a autonomia, nem o equilíbrio do grupo.

Paulo e Pedro se adaptaram à rotina dos homens da tribo. Tinham prazer em partilhar suas tarefas. Aqui sua vida era diferente de apenas obedecer a ordens e sofrer violências, como acontecia antes. Com os indígenas, os meninos aprenderam a limpar os terrenos e fazer queimada dentro da floresta. A fabricar canoas, colocando fogo no miolo de um tronco que, amolecido, era então escavado. Para atirar com arco e flecha, tiveram que ganhar músculos. Os arcos eram feitos de madeira duríssima e, por vezes, era preciso deitar-se e colocar o arco entre os pés para disparar a flecha. Depois, aprenderam como manusear o tacape: clava pesada e afiada, capaz de esmagar um crânio.

As atividades religiosas, exercidas pelo xamã, também eram prerrogativa masculina. Os amigos perceberam o que os jesuítas não entendiam. Os feiticeiros não eram aliados do Demônio. Apenas reagiam à presença dos portugueses que os tinham expulsado de suas terras, reduzindo seu terreno de caça, empurrando-os na direção de tribos inimigas, incentivando batalhas entre eles para escravizar os perdedores. Os indígenas sofriam cativeiros, epidemias e massacres com os abusos dos colonizadores. Mas os xamãs resistiam, preparando uma "caraimonhaga", também chamada de "santidade" pelos jesuítas.

Manoel Bastardo explicou: a santidade era uma grande viagem que a tribo empreenderia na direção da Terra sem Mal. Iam fazer festas e nelas a valentia dos guerreiros teria que ser demonstrada. O xamã iria meter-se numa oca escura, conversar com seus maracás e lá aguardar a comunicação com os antepassados. Depois, anunciaria à aldeia o que fazer: atacar os colonos e arrasar seus engenhos ou caminhar para a terra da imortalidade. Os que dela não participassem, eram transformados em pedras e paus. Antes, teriam de dançar e cantar. E trabalhar para a festa. E levar mandioca e milho para as mulheres prepararem o cauim. O que era isso? Eles iriam provar. E gostar, disse Manoel com um sorriso.

Cada um atravessou a aldeia levando um grande cesto cheio de milho. Mas pararam estarrecidos à porta da maloca. A voz que vinha lá de dentro eles conheciam: Isabel! Isabel! O que estaria fazendo ali? O rosto da jovem se iluminou ao ver os companheiros de viagem. Deus! Agora, estaria salva. Mais magra, vestida com uma tipoia, colares ao pescoço e os cabelos soltos, Isabel não tinha perdido o sorriso e a simpatia. E começou a contar atropeladamente sua aventura. Sim, casara-se, e o marido era um fidalgo que acompanhou o governador-geral Mem de Sá em sua vinda de Portugal. Uma sorte não ser um velho ranzinza, mas um rapaz belo e bom: Tomás. Estava a caminho do engenho quando foi raptada. Não por essa, mas por outra tribo, e depois trocada por uns indígenas escravizados. Junto com ela, foram feitos prisioneiros mais dois portugueses. E, horror! Ela os viu serem comidos.

A princípio, coitados, eles achavam que estavam salvos. Ofereceram-lhes belas mulheres e, colocados numa oca à parte, receberam comida e bebida. Mas esses presentes eram um engano. Estavam apenas sendo engordados. O dia da execução foi uma grande festa. Vizinhos foram convidados para provar a carne dos prisioneiros. Nus, cobertos de penas e amarrados por uma longa corda, a muçurana, eles ficaram de pé diante da tribo. O ritual exigia que homens, mulheres e até crianças os insultassem, lembrando os antepassados que tinham morrido na guerra contra os brancos. Com gritos, vingavam simbolicamente os parentes mortos. Mas ao contrário de comportarem-se como os indígenas, que enfrentavam com bravura este momento, respondendo que também os seus logo viriam vingar a sua morte, os portugueses choravam e gemiam.

A covardia enojava os índios, que só admiravam a coragem. Diante de tanta fraqueza, não custou para que um matador lhes rompesse o crânio com um golpe de ibirapema, um tipo de tacape. Os corpos foram retalhados e a carne dividida entre músculos e entranhas. As partes duras foram para cima do moquém, uma espécie de braseiro. Depois, seriam devoradas pelos homens. Crianças e mulheres ingeriram as partes internas, cozidas num mingau.

E quem era o matador? Um índio que não participava do banquete. Ele trocou de nome e ficou de resguardo, afastado dos moradores da aldeia. Na ocasião, tatuou o corpo, rasgando a pele dos braços, ombros e coxas com dentes pontiagudos de cotia. Depois pintou incisões com tinta vegetal. Ao vê-lo pela primeira vez, Isabel teve muito medo de ter a cabeça esmagada. Achou que seria a próxima. Só que depois de ser entregue à nova tribo, ficou amiga das mulheres. Ensinou-as a coser e bordar. Trabalhava e obedecia, sem reclamar. Procurou enviar notícias para o marido, mas soube que ele tinha partido ao encontro do governador nas capitanias do sul.

Pois a chance de fugir chegou, dizia a Paulo e Pedro. Seus olhos brilhavam. Não tinha medo que a tribo de Manoel Bastardo lhes fizesse mal. Mas também não queria ir embora, numa longa viagem que a afastasse de São Salvador. Desejava rever o marido e voltar para casa. Pedro e Paulo tampouco queriam viajar na "santidade". Tinham outros planos. Só fizeram à Isabel a mesma pergunta que tinham feito antes: não tinha medo? Não, respondeu ela. Os índios eram sábios. Tudo conheciam sobre a natureza. Ela aprendeu muito com eles. Saberia sobreviver...

Desta forma combinaram de afastar-se durante a festa que começaria em alguns dias e duraria outros tantos. Isabel juntou-se ao trabalho das mulheres. Pilaram o milho, que depois era mastigado e cuspido num vasilhame para posterior fermentação. Nenhuma delas tinha relações sexuais durante o preparo da bebida que era considerada sagrada. Entre os homens, as caçadas se sucediam para que nada faltasse, nem bebida nem comida.

Chegado o dia, todos se banharam e enfeitaram. O xamã trouxe os vasilhames de cauim para fora da maloca para que os ancestrais pudessem beber também. Tiveram início as danças e os cantos. As tigelas de cauim passavam entre os presentes. Outras formas de entorpecimento também eram usadas. A inalação da fumaça da erva-santa era uma delas. Tratava-se do tabaco, ou petum, como chamavam. Inalado ou bebido provocava sonhos e delírios.

Ao contrário do que pensavam os jesuítas, que julgavam tais festas como inspiradas pelo

Demônio, a ocasião servia para aproximar os indígenas de suas entidades protetoras. O consumo de bebida ou fumo era entendido como uma maneira de conhecer o universo e reencontrar seus remotos ancestrais. O milho, os tubérculos e o tabaco possuíam origens míticas. Tinham sido inventados por seus heróis. Em roda, esse era o momento em que cada um contava suas façanhas nas batalhas. A alegria era geral e foi numa dessas noites que os meninos descobriram, além da bebida e do fumo, outro prazer: o de um corpo de mulher. Não eram mais meninos, mas não eram homens ainda. Mas souberam o que fazer quando as jovens da aldeia se aproximaram pisando macio e sorrindo para eles.

Isabel não participou da festa, nem temia ser transformada em pau ou pedra. Queria fugir. Esperava por esse momento. Recuperou sua capa de viagem e num bornal enfiou anzóis, farinha de mandioca, uma lâmina de pedra, um pouco de amendoim, enfim, o que pudesse ajudar a sobreviver na mata. Para os meninos, separou arcos e muitas flechas. Não teriam outra defesa se não sua astúcia e a vontade de voltar para casa.

No fim da noite, enquanto todos dormiam ainda sob o efeito do cauim e do petum, a jovem acordou Pedro e Paulo. Eles sabiam que tinham que ir para o sul, buscar a foz do rio Macaé. Olharam o céu escolhendo a direção ao sul do Cruzeiro brilhante. Já percorriam rápidos um peabirú, quando os primeiros raios de sol acordaram os pássaros. A semiescuridão da mata os encobriu.

CAPÍTULO VI

# Entre os papagaios amarelos

Quantos dias de viagem? Nenhum deles sabia, mas foram muitos. Tinham perdido a conta. Dormiram debaixo de árvores. Comeram o que caçaram. Sentiram frio. Aprenderam a ficar quietos e a identificar pelo som a presença dos animais. Pisavam com cuidado, pois sabiam que debaixo das folhas existia um mundo de coisas vivas. Encontraram locais de pousada que serviam aos índios em seus deslocamentos entre uma aldeia e outra. Ali, descansavam por uns dias. Por vezes eram tratados como amigos; outras, com desconfiança.

Nas noites escuras, quando rugia a onça, se perguntavam assustados o que faziam ali. Mas não

tinham escolha. Eram empurrados pelo desespero. A direção era o sul. Ali, Isabel encontraria Tomás. E Paulo e Pedro poderiam escolher seus destinos: embarcar numa nau reluzente a caminho das Índias, descobrir minas de ouro ou viver numa terra entre gente simples e sem grande trabalho. Tinham aprendido muito com os padres e com os índios. Sentiam-se homens, depois de ter conhecido mulheres. O mundo parecia abrir-se para eles.

Sabiam também que, ao sul, a situação era grave para os interesses portugueses. Um temido chefe, Cunhambebe, uniu os principais das tribos tamoio que viviam entre Cabo Frio e Bertioga. Tal coligação nunca tinha sido feita. E ela teve vitórias militares nunca dantes sonhadas.

Mais interessante, porém, foi a união dos indígenas com os seus aliados franceses. Chamados de "papagaios amarelos", por seus cabelos louros, eles não escravizavam índios para trabalhar em plantações de cana como faziam os portugueses, chamados de "perós". Queriam, sim, fazer escambo com eles. Ou seja, trocar pau-brasil, animais exóticos ou plantas medicinais por produtos manufaturados trazidos da Europa. Os franceses também tinham seus "língua", encarregados de se comunicar com os índios. A madeira preciosa do pau-brasil era declarada monopólio da Coroa portuguesa e, por isso, D. João queria reprimir à força a ação dos piratas franceses. Mas o monarca francês Francisco I não aceitava o Tratado de Tordesilhas e costumava dizer: "Quero ver a cláusula do testamento de Adão que exclui a França desta divisão!".

Apelidados de "mair", os franceses estavam instalados no Rio de Janeiro desde 1555. E chamaram o lugar de França Antártica, pois achavam que se encontravam próximos a um dos polos. Um chefe naval muito conhecido, Nicolas Durand de Villegagnon, foi incumbido pelo rei de França de construir ali um forte e depois fundar uma cidade. Sua coragem e valentia eram reconhecidas em toda parte. Ele era ao mesmo tempo soldado, marinheiro, advogado, diplomata e filósofo. Sob suas ordens e com o apoio dos tamoios, a construção do forte Coligny, na ilha de Serigipe, começou em 1556.

Casebres de pau e palha abrigavam cerca de duas centenas de homens. Havia também armazéns e fortificações. Num rochedo, plantaram uma construção rústica onde se reuniam para ler a Bíblia e fazer refeições. Ler a Bíblia? Sim, pois a França Antártica também devia servir de refúgio aos adeptos do protestantismo, vítimas da intolerância dos católicos. Também conhecidos como huguenotes, eles poderiam viver a sua fé, longe de perseguições.

Villegagnon, Pay Cola, em tupi, ou Senhor Nicolau, sabia, por informações de outros navegadores franceses, que a região não estava povoada nem era defendida pelo rei de Portugal. Este não dispunha de meios para ocupar todo o litoral do Brasil, nem de dominar os índios, amigos dos franceses. Porém, com determinação, os "mair" não só atacavam as naus portuguesas, como também invadiam terras acima em busca de riquezas. Tudo sem cerimônias e com a ajuda dos tamoios. Mas a convivência trouxe problemas. O maior deles foi o envolvimento dos "mair" com as indígenas, com quem se deitavam livremente.

Muito rigoroso com os princípios da fé, Villegagnon tinha proibido seus homens de ter relações sexuais com as indígenas sem casar. Nada de concubinatos e pecados como os que os portugueses cometiam. Ele passou a ser visto como um tirano. A falta de mulheres provocou muita briga e fugas para as aldeias. Pior, houve uma tentativa de assassinato de Villegagnon e os revoltosos foram duramente castigados. Teve até enforcamentos. Tudo se agravou com as discussões religiosas. Opiniões divergentes e radicais sobre o significado dos sacramentos, por exemplo, levaram a novas revoltas e mortes. Villegagnon viu-se obrigado a regressar à França para prestar contas a Henrique II, o rei, na época. Ele jamais voltaria.

Enquanto o confronto se preparava, os três amigos aproximavam-se do Rio de Janeiro. Restingas e manguezais estendiam-se ao longo da costa. Volta e meia, os jovens encontravam sambaquis, revelando que a dieta dos índios dependia da coleta de crustáceos e moluscos, além de plantações de mandioca que garantiam sua alimentação e, também, a dos franceses. Os tupinambás batizaram a região como Gecay: nome do único tempero que usavam, feito com sal grosso cristalizado.

    O mar azul-claro batia em mais de onze praias. No morro de Itajuru, uma fonte de água cristalina garantia que ninguém morresse de sede. Souberam que tinham chegado a Cabo Frio pelo grande número de árvores de pau-brasil cortadas. A Casa de Pedra, fortaleza-feitoria, símbolo da aliança entre índios e franceses, erguia-se poderosa. Seus armazéns guardavam a preciosa madeira para embarcá-la para a França.

    Os jovens examinavam a paisagem do alto do morro do Itajuru, ou "bocas de pedra", verdadeiros santuários para os nativos. Sobre os blocos de granito escuro, eles contavam histórias de seus xamãs, que ensinavam a arte de viver com a natureza, amá-la e amar a vida. Acreditavam que quando seus grandes guerreiros morriam, transformavam-se em estrelas até que o sol os enviasse de volta ao Itajuru, para serem ali venerados em forma de pedras sagradas. Se essas fossem roubadas ou quebradas, os índios desapareceriam da face da terra. Eis que na escarpa da colina desenhou-se a silhueta de um mameluco: amigo ou inimigo? Por meio de informações, souberam que tinham que deixar Cabo Frio e chegar à Ilha do Governador. Ali, os jesuítas tinham fundado uma aldeia. Encontrariam amigos.

Enquanto isso, Mem de Sá aguardava o envio de uma frota do Reino para atacar o Rio de Janeiro. As notícias que recebia davam conta que os franceses reuniam cada vez mais barcos e gente bem armada. Os jesuítas, seus amigos, não economizavam nas notícias: piratas estavam em toda parte. O governador chegou a pensar em fundar uma grande cidade no Espírito Santo, na tentativa de barrar a subida dos "mair" para o norte.

Em Portugal, o embaixador francês atuava como espião para saber exatamente o que faziam os portugueses na América. A Guanabara estava na mira do rei Henrique II. Mas a rainha Dona Catarina, que havia substituído o falecido marido, D. João III, não descansou. Mandou armar uma esquadra com seis naus e trezentos soldados, para reforçar o ataque ao forte Coligny. Em São Salvador, convocaram escravizados africanos e índios forros. Em Ilhéus, Porto Seguro e Espírito Santo, os navios também recolheram mais colonos dispostos a lutar.

Enquanto os jovens se encaminhavam para a ilha do Governador – que ainda não se chamava assim, mas ilha dos Maracajás, em referência aos felinos grandes que por ali andavam em quantidade – e o governador-geral descia com sua esquadra da

Bahia, a situação dos franceses se agravava. Sem Villegagnon para comandá-los, estavam divididos por brigas de todo tipo. A relação com os indígenas, que antes era amistosa, tinha se deteriorado. Faltavam água e comida. Para se abastecer, eles dependiam dos antigos aliados, cujo humor tinha mudado. Para piorar, Villegagnon tinha deixado em seu lugar um sobrinho a quem ninguém obedecia. Era mau soldado e tirano. Muitos franceses preferiram fugir e ir viver nas aldeias, identificando-se com os nativos e seu modo de vida.

Mas o ataque ao forte Coligny não teria dado certo sem o auxílio dos três amigos. Pois Mem de Sá desconhecia a real situação da ilha. Também não sabia que Villegagnon queria transformar o Rio de Janeiro numa possessão protestante. No fundo, ia-se travar uma "guerra santa". Não como as que os portugueses lutavam contra os mouros, mas contra hereges e ateus. Pedro e Paulo não queriam ser "cruzados"? Pois aí estava a oportunidade.

Ao chegar à aldeia jesuítica da ilha, os amigos se viram num outro mundo. Entre as palhoças e as ruas cheias de lama, encontraram de tudo: degredados portugueses, fugitivos da ilha de Villegagnon, piratas doentes que ali tinham sido abandonados, mamelucos, "línguas" vestidos com penas, misturados aos índios e mulheres europeias e indígenas, que logo cercaram Isabel em busca de notícias. Muitos brancos eram pais de grandes famílias.

E crianças louras, com traços nativos, corriam por toda parte. Os recém-chegados não causaram estranheza. Só curiosidade.

Já corriam boatos sobre a invasão portuguesa. Quantos navios? Só os caravelões vindos de São Salvador eram dez ou doze, dizia-se. Mas a fortaleza era inexpugnável. Rodeada de pedras, possuía todo tipo de munição. Ameaçadores, seus canhões apontavam para a entrada da baía. Calculava-se entre oitocentos e mil o número de índios tamoios aliados aos "mair". A carnificina seria grande. Isabel temia por Tomás. Onde andaria? Voltaria a revê-lo? A ansiedade de todos crescia.

Em conversas com outros "língua", ficaram sabendo que era preciso passar ao governador-geral as informações de um francês fugido. Ele sabia de tudo sobre o funcionamento do forte e os obstáculos da ilha onde estava construído. Quem era esse homem? Mistério. Ora dizia-se católico, ora protestante. Na verdade, espalhava que a Igreja gostava de tirar dinheiro dos pobres, que o vinho não se transformava no sangue de Cristo e que era melhor confessar-se ao pé de uma moita do que no ouvido de um padre. Dizia-se amigo dos portugueses, mas tinha vindo com os franceses. Falava hebraico e conhecia os judeus, o que era malvisto. Aventureiro, espião ou cavaleiro?

Tinha um nome pomposo: João de Cointa, Monsieur de Bolés. Paulo, que aprendera francês com padre Antônio, ganhou a confiança de Monsieur de Bolés. Com uma varinha riscando o chão, o francês explicou-lhe por onde as tropas deveriam atacar, sinalizou as bocas de canhão e a casa de pólvora. Disse tudo o que devia ser evitado para não ficarem na mira dos "mair". E os jovens entenderam que tinham ali uma oportunidade: participar do que se chamava "a guerra viva". As recompensas? Inúmeras: terras, títulos, honrarias. Podiam ser feitos "cavaleiros", se demonstrassem coragem. A Coroa portuguesa retribuía os conquistadores com todo o tipo de favores. Não teriam mais que correr atrás de montanhas de ouro. Elas as tinham encontrado na paisagem da Guanabara...

Muita gente da capitania de São Vicente achava-se nas proximidades. Senhores de terra tinham atendido ao chamado de Mem de Sá e vindo com suas forças: homens armados e índios remeiros. Pedro e Paulo resolveram partir numa canoa em busca da nau do governador. Ela faria aguada em algum lugar perto da costa. E dar-lhe as notícias era fundamental.

Raiava o dia e o sol começava a romper por entre as nuvens avermelhadas quando, tremendo de emoção e medo, embicaram na direção do alto-mar. Doze remeiros iam com eles. Na praia, Isabel acenava desejando boa sorte. Que dissessem a Tomás que ela estava viva!

Antes de conversar com Pedro e Paulo, a ideia de Mem de Sá era de um ataque noturno. Não! Muito arriscado – disseram os jovens. Pedras pontiagudas e a falta de iluminação poderiam enfraquecer os portugueses. Melhor de dia.

Na manhã de 15 de março de 1560, entraram na belíssima baía de Guanabara. Nas águas transparentes corriam cardumes de golfinhos, alheios ao que ia acontecer. As matas desciam até o mar, perfumando os ares. Grandes morros abraçavam a enseada, parecendo protegê-la. À vista do *Santa Isaura*, galeão do governador, uma nau francesa manobrava com dificuldade. A maior parte de seus marinheiros remava rapidamente na direção do forte. Souberam da presença do inimigo e buscavam abrigo.

Um primeiro tiro de canhão, vindo da ilha, deu o sinal do início do combate. Transportadas pelas águas, vozes e gritos dos combatentes se cruzavam. Seguiu-se a resposta das canhoneiras da frota de Mem de Sá. Balas zuniam, espatifando mastros e madeiras dos deques. O barulho da artilharia de ambos os lados enchia os ares. Acostumados à vida nos barcos, Paulo e Pedro corriam de um lado para outro, atendendo às necessidades da batalha. Carregavam as bocas de canhão com pólvora. Improvisavam torniquetes nos companheiros feridos. Habituados a disparar com arco e flecha, manuseavam bestas com sucesso.

A ilha dava razão ao que se dizia dela: parecia inatacável. Gastava-se pólvora à toa. Vendo a dificuldade do ataque, Mem de Sá mandou Paulo como mensageiro ao sobrinho de Villegagnon, Bois le Conte: que se rendessem ou seriam esmagados. Resposta altiva: Nunca! A esquadra portuguesa recuou e teve início uma discussão: atacar ou não atacar por terra. Houve quem desse para trás. A coragem não era uma qualidade generalizada. Muitos capitães se recusaram a deixar a segurança de suas embarcações. Mem de Sá levantou a voz. O sentimento de honra impunha o combate. Lutavam contra aliados de Satã, em nome da Igreja católica e da Coroa. Seus argumentos convenceram alguns.

Pedro ofereceu-se para nadar até a ilha e detonar o paiol de munição. A ideia foi recebida com entusiasmo. Só quando a tremenda explosão foi ouvida, os barcos começaram suas manobras para acostar na ilha. Mas a vitória veio por milagre. Havia pouquíssimos franceses no forte. A maioria tinha se escafedido.

Foram dois dias de assalto à fortaleza. Sons vibravam: o das botas e tamancos correndo, o do metal das espadas, insultos, palavrões, detonações de arcabuzes. Feridos e mortos caíam com a face voltada para o chão. Mas quando os portugueses começaram a desmaiar de cansaço e já não havia mais munição, os inimigos evaporaram. A maioria deles tinha fugido para terra firme nas canoas dos tamoios. Segundo os jesuítas contariam depois, tudo foi milagre de São Sebastião, que teria aparecido entre a fumaça da explosão, passando a ser o protetor da cidade a ser fundada: Rio de Janeiro. Entre os combatentes encontrava-se Tomás. Chegado com um grupo vindo de São Vicente, misturou-se à ação. Foi achado por Pedro. Tinha perdido muito sangue e mal abria os olhos. Não se sabia se a ferida era séria ou leve. Ao ver o jovem que viajara com sua esposa e receber dela notícias, pareceu confortado: Isabel viva, Isabel o aguardava!

Dois dias depois, a fortaleza francesa foi arrasada. Rezou-se uma missa e os que demonstraram coragem foram feitos cavaleiros. Entre eles, os dois jovens "língua". Ontem, miseráveis, agora, ricos. Cartas de sesmarias, ou seja, lotes de terrenos que pertenciam aos reis de Portugal, foram distribuídas. Todos as receberam. Vitorioso, Mem de Sá zarpou em direção a São Vicente. Ferido, Tomás foi conduzido à aldeia onde Isabel o esperava. Sua situação era crítica. Ardia em febre e a ferida tinha se infeccionado. Instalado dentro de uma palhoça, não viu quando uma mulher aproximou-se em silêncio.

Vestida pobremente, trazia ervas e raízes num embornal. Durante dias, preparou beberagens de cor esquisita com folhas da mata. Acendeu defumadouros e passou na ferida aberta os óleos que preparou. Invocando santos e demônios, orava em voz alta. Do lado de fora, Isabel acreditava na recuperação do marido. Quem cuidava dele e quem o salvaria? Branca. Elas tinham se reencontrado. De bruxa degredada, ela passou a respeitada benzedeira. Não havia quem não a procurasse. Curava feitiços em homens e animais. Na Terra de Santa Cruz, ela conversava com Deus e com o Diabo. Mas, apenas, para o bem das pessoas.

CAPÍTULO VII

# Uma história sem fim...

Foi o fim do forte Coligny, mas não da presença francesa no Rio de Janeiro. Muitos "mair" embrenharam-se na mata, de onde voltavam para manter contato com as naus que continuavam a piratear pau-brasil. Somente cinco anos depois, em março de 1565, uma expedição comandada pelo sobrinho de Mem de Sá, Estácio de Sá, os expulsou definitivamente. As batalhas de Uruçu-Mirim e de Paranapuã foram definitivas. Junto aos combatentes e sob o comando do cacique Araribóia ou Cobra Feroz, iam os temiminós, inimigos dos tamoios. Como recompensa, o chefe indígena também recebeu uma sesmaria na baía de Guanabara, onde fundou a vila de São

Lourenço dos Índios – hoje, Niterói. Mas a vitória nem foi comemorada. Ferido por uma flecha envenenada, Estácio de Sá morreu em meio a dores atrozes.

Antes disso, Pedro e Paulo desceram até a aldeia de Iperoig, em Ubatuba, para encontrar os jesuítas. Ali, o chefe Cunhambebe prendera Anchieta por cinco meses. Na praia, o jesuíta escreveu poemas para Nossa Senhora.

Vestidos com as vistosas plumagens dos guarás, aves de penas vermelhas, os tamoios eram temidos por praticar antropofagia e atacar sistematicamente os portugueses em São Vicente ou em São Paulo de Piratininga, onde Nóbrega havia fundado uma vila com um colégio jesuíta, em 1554. Os franceses se encarregaram de armar os indígenas para o confronto, pois lhes interessava eliminar os portugueses da região. Depois da morte de Cunhambebe, Aimberê tornou-se o líder da confederação. Diferentemente do que pensavam os jesuítas, os indígenas não eram criaturas incapazes. Ao contrário. E sua estratégia foi a de convidar os aliados dos portugueses, chefiados por Tibiriçá da nação Guaianáz, a se juntar à confederação.

Mas havia disputas entre as tribos que acabaram por enfraquecê-las. A princípio Tibiriçá concordou. Mas era fingimento. Prevendo a traição, os tamoios avançaram sobre os portugueses e seus aliados, massacrando-os.

A terrível batalha aconteceu... A luz do dia escureceu diante das nuvens de flechas que foram disparadas. Tacapes esmagaram cabeças e membros, deixando no rastro uma pasta de sangue. Os arcabuzes cuspiam fumaça e pólvora, de ambos os lados. O corpo a corpo era fatal. Uma coisa os jovens jamais esqueceriam. Os índios desconheciam o medo. Avançavam para a morte com a mesma naturalidade com que viviam. Na luta, Tibiriçá também morreu.

Diante do desastre, Nóbrega e Anchieta, que conheciam a região e tinham catequizado muitas tribos, conseguiram selar uma trégua. Por falar bem o tupi, Pedro e Paulo ajudaram nas negociações. O preço da paz seria a libertação de todos os índios escravizados pelos brancos. Mas a paz durou pouco. Assim que os tupinambás voltaram à Guanabara, os portugueses se lançaram sobre as aldeias indígenas, matando e escravizando de novo as suas populações. O capítulo final da tragédia seria escrito com a expulsão dos franceses e de seus aliados tamoios da Guanabara. E encerrou-se com a dizimação final dos tupinambás e a morte de Aimberê, em Cabo Frio.

Foi o fim dos franceses, de muitas tribos e de muitas vidas. Foi também o fim da adolescência dos três amigos. A experiência tinha moldado o caráter de todos. Assim como a amizade: relação rara, fundada no desinteresse e na confiança recíproca que tinham uns nos outros. Isabel e Tomás, já recuperado, voltaram a São Salvador para assumir o engenho de cana que tinham no Recôncavo, além das terras que foram doadas pela Coroa em reconhecimento por sua luta contra a "heresia protestante". Isabel teve um papel importante durante as epidemias que assolaram a Bahia em 1561 e mataram inúmeros indígenas. Com os remédios que aprendeu a fazer com Branca, salvou muitas crianças e, para elas, construiu uma pequena escola em suas terras.

Paulo e Pedro, graças à vivência nas naus portuguesas, entre os jesuítas e, depois, entre os indígenas, aprenderam a separar o real da imaginação. A Terra de Santa Cruz não pertencia ao Diabo. No fim do mundo não existiam dragões nem serpentes marinhas. Os indígenas não eram animais. Os amigos tinham aprendido a usar instrumentos de orientação no tempo e no espaço, para navegar. Tinham entendido que o comércio ia reger as relações de Portugal com outras regiões do mundo. E que a violência e as armas cada vez mais sofisticadas imporiam a vontade de uns sobre outros.

Aprenderam também o mais importante: a diferença entre pessoas não podia ser medida entre superiores e inferiores. Todos eram iguais. Nus ou vestidos, falando francês ou tupi, valentes ou covardes, o importante era estar aberto às experiências novas e se comunicar. Não à toa, eles eram os "língua". Dominados por um sentimento de aventura, queriam seguir ampliando os limites do conhecimento. Perseguir caminhos que não conheciam. Descobrir o que existia à volta deles. Mas também – e mais importante – dentro deles. De volta ao Rio de Janeiro, donos de sesmarias, podiam explorar trabalhadores escravizados e planar cana-de-açúcar. Mas, não...

Preferiram explorar o mundo e viver novas aventuras.

# Bibliografia

AMARAL, Rodrigo de Aguiar. A sorte que vem do mar. *Revista de História da Biblioteca Nacional*, ano 6, n.64, jan. 2011.

ANCHIETA, José. *Cartas, informações, fragmentos históricos e sermões*. Belo Horizonte/São Paulo: Itatiaia/Edusp, 1988.

ARAÚJO, Emanuel. *O teatro dos vícios*: transgressão e transigência na sociedade colonial. Rio de Janeiro: José Olympio, 2008.

AZEVEDO, Thales de. *Povoamento da cidade de Salvador*. Salvador: Editora Itapuã, 1969.

BELTRÃO, Maria. *Peabirus*: os caminhos dos índios e sua importância para a identidade nacional. Rio de Janeiro: Econame, 2011.

BUARQUE DE HOLANDA, Sérgio (Dir.). *História geral da civilização brasileira*: A época colonial: do descobrimento à expansão colonial. São Paulo: Difel, 1976.

CALDEIRA, Jorge. *Brasil*: a história contada por quem viu. São Paulo: Mameluco, 2010.

DEL PRIORE, Mary. *Esquecidos por Deus*: monstros no mundo europeu e ibero-americano (séculos XVI-XVIII). São Paulo: Companhia das Letras, 2000.

_____. (Org.). *História da criança no Brasil*. São Paulo: Contexto, 1991.

FRANCO, José Eduardo. *O mito dos jesuítas em Portugal, no Brasil e no Oriente (séculos XVI a XX)*. Lisboa: Gradiva, 2006.

GRUZINSKI, Serge. *Virando séculos, 1480-1520*: a passagem do século. São Paulo: Companhia das Letras, 1999.

GIUCCI, Guillermo. *Viajantes do maravilhoso*: o Novo Mundo. São Paulo: Companhia das Letras, 1992.

_____. *Sem fé, lei ou rei*: Brasil 1500-1532. São Paulo/Rio de Janeiro: Companhia das Letras/Rocco, 1993.

KOK, Glória, *Os vivos e os mortos na América portuguesa*: da antropofagia à água do batismo. Campinas: Editora da Unicamp, 2001.

LABORIE, Jean-Claude (ed.). *La Mission Jesuite Du Brésil* – Lettres et autres documents (1549-1570). Trad. Jean-Claude Laborie. Paris: Éditions Chandeigne, 1998.

## Bibliografia

LANGER, Johnni. *As cidades imaginárias do Brasil*. Curitiba: Governo do Estado do Paraná – Secretaria do Estado da Cultura, 1997.

LEITE, Edgard. *Almas e espíritos*: embates entre índios e europeus sobre a natureza da condição humana, séculos XVI e XVIII. Rio de Janeiro: Barroso Produções Editoriais, 2001.

LÉRY, Jean de. *Viagem à terra do Brasil*. São Paulo/Belo Horizonte: Edusp/Itatiaia, 1980.

LESTRINGANT, Franck. *O canibal, grandeza e decadência*. Tradução Mary del Priore. Brasília: Editora UnB, 1994.

LINEBAUGH, Peter; REDIKER, Marcus. *A hidra de muitas cabeças*: marinheiros, escravos, plebeus e a história oculta do Atlântico revolucionário. São Paulo: Companhia das Letras, 2000.

LYRA TAVARES, A. de. *Brasil-França ao longo de cinco séculos*. Rio de Janeiro: Biblioteca do Exército, 1979.

MARIZ, Vasco; PROVENÇAL, Lucien. *Villegagnon e a França Antártica*. Rio de Janeiro: Nova Fronteira, Bibliex, 2001.

MELLO E SOUZA, Laura de. *O Diabo e a Terra de Santa Cruz*. São Paulo: Companhia das Letras, 1986.

MENDONÇA, Paulo K. de. *O Rio de janeiro da pacificação*. Rio de Janeiro: Secretaria Municipal de Cultura, Turismo e Esportes, 1991.

MESGRAVIS, Laima. *O Brasil nos primeiros séculos*. São Paulo: Contexto, 1989.

MICELI, Paulo. *O pomo onde estamos*: viagens e viajantes na história da expansão e da conquista. São Paulo: Editora Página Aberta/Scritta, 1994.

MOREAU, Filipe Eduardo. *Os índios nas cartas de Nóbrega e Anchieta*. São Paulo: Annablume, 2003.

MOURA, Francisco Carlos. *Teatro a bordo de naus portuguesas nos séculos XV, XVI, XVII e XVIII*. Rio de Janeiro: Instituto Luso-Brasileiro de História/Liceu Literário Português, 2000.

NAVARRO, Azpicuelta et al. *Cartas jesuíticas – cartas avulsas*. Belo Horizonte/São Paulo: Itatiaia/Edusp, 1988.

NOVINSKY, Anita. *Inquisição*: prisioneiros do Brasil. São Paulo: Editora Expressão e Cultura, 2002.

PERRONE-MOISÉS, Leyla. *Vinte Luas – viagem de Paulmier de Gonneville ao Brasil*: 1503-1505. São Paulo: Companhia das Letras, 1992.

PIERONI, Geraldo. *Os excluídos do Reino*. Brasília: Imprensa Nacional, Editora UnB, 2000.

RAMOS, Fábio Pestana. *No tempo das especiarias*: o império da pimenta e do açúcar. São Paulo: Contexto, 2004.

RAMINELLI, Ronald. *Imagens da colonização*. Rio de Janeiro: Jorge Zahar, 1996.

SUESS, Paulo et al. *Conversão dos cativos*: povos indígenas e missão jesuítica. São Bernardo do Campo: Nhanduti Editora, 2009.

TAVARES, Luis Fabiano de Freitas. *Entre Genebra e a Guanabara*: a discussão política huguenote sobre a França Antártica. Rio de Janeiro: Topbooks, 2009.

TAVARES, Luis Fabiano de Freitas. *História da Bahia.* Salvador: Edufba, 2001.

VAINFAS, Ronaldo. *A heresia dos índios*: catolicismo e rebeldia no Brasil colonial. São Paulo: Companhia das Letras, 1995.

_____ (dir.). *Dicionário do Brasil Colonial (1500-1808).* Rio de Janeiro: Objetiva, 2000.

## SOBRE O LIVRO

Formato: 12 x 21 cm
Mancha: 19,4 x 38 paicas
Tipologia: Kepler Std 11,5/16
Papel: Off-white 80 g/m² (miolo)
Cartão Triplex 250 g/m² (capa)
1ª edição Editora Unesp: 2025

## EQUIPE DE REALIZAÇÃO

**EDIÇÃO DE TEXTO**
Rita Ferreira (preparação de original)
Pedro Magalhães Gomes (revisão)

**PROJETO GRÁFICO**
Marcos Keith Takahashi (Quadratim)

**CAPA**
Robson Castilho de Brito (Quadratim)

**ILUSTRAÇÕES**
Kelly Adão

**EDITORAÇÃO ELETRÔNICA**
Arte Final

**ASSISTENTE DE PRODUÇÃO**
Erick Abreu

**ASSISTÊNCIA EDITORIAL**
Alberto Bononi
Gabriel Joppert

Rua Xavier Curado, 388 • Ipiranga - SP • 04210 100
Tel.: (11) 2063 7000
rettec@rettec.com.br • www.rettec.com.br